monumente edition

Wismar und Stralsund

Welterbe

1571

DEUTSCHE STIFTUNG
DENKMALSCHUTZ
WETTBEWERB
2001-2002

Färber

Segelmacherei und Fabrikation von Oelzeug
Transit
Lager
Hanf Manilla
Cocus,
Stahl und
Eisendraht
Tauwerk
Transmission
und
Dampfpflug
Seile,
Fabrik.
von
Planen
Decken
Persennige
Flaggen
Säcke
und
Matratzen
Bergungs

SED

Reparatur Werkstätte
für sämtl. Maschine
u. Fahrzeuge.

UND WAR DER ZEIT

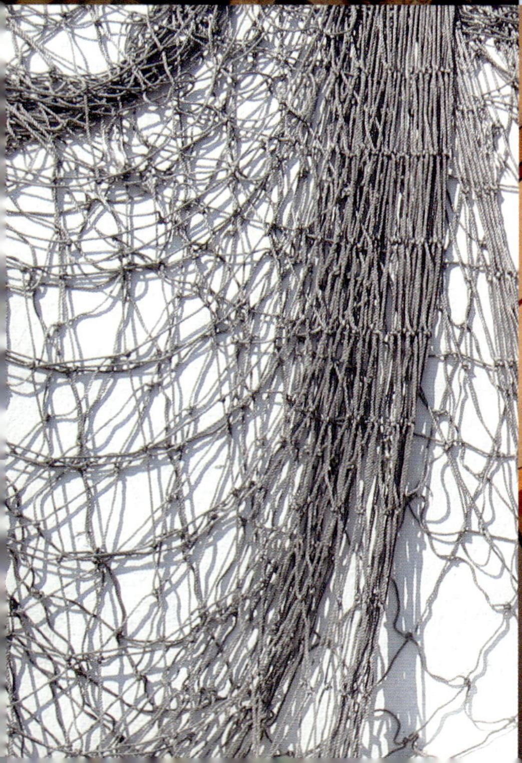

Inhalt

Zwei Städte, eine UNESCO-Welterbestätte

Als im Juni 2002 das UNESCO-Welterbekomitee die Hansestädte Wismar und Stralsund in die Liste des Welterbes der Menschheit aufnahm, würdigte sie die beiden Städte als repräsentative Beispiele für das kulturelle Erbe der Hanse. Die weitgehend erhaltenen Stadtkerne mit ihren mittelalterlichen Grundrissen, den zahlreichen Profanbauten und beeindruckenden sakralen Großbauten der Backsteingotik zeugen von Kraft und Reichtum der Ostseestädte im Mittelalter.

Die Auszeichnung, die das hohe und sensible Engagement beider Städte zum Erhalt des kulturellen Erbes voraussetzt, beinhaltet auch den Appell an alle, im Einsatz für dieses kulturelle Erbe nicht nachzulassen. Darin liegt eine besondere Verantwortung. Die Deutsche Stiftung Denkmalschutz hat gemeinsam mit dem Bund, dem Land, den Landeskirchen und den Denkmalpflegern vor Ort seit der politischen Wende 1991 kontinuierlich und systematisch daran gearbeitet, diese einzigartigen Stadtdenkmale zu bewahren. Sie hat Bürgerhausprogramme entwickelt, Privatleute unterstützt und durch ihre Beteiligung und Öffentlichkeitsarbeit weitere Hilfsmaßnahmen initiiert.

Wenn nach Lübeck (1987) seit 2002 zwei weitere Hansestädte gemeinsam zum Welterbe gehören, setzt dies ein Zeichen für die gesamte Region, denn Wismar und Stralsund sind Teil einer Kulturlandschaft, deren außerordentlicher Schatz in den Zeugnissen der Hansezeit liegt. So ist es nur folgerichtig, dass am 1. Juni 2004 in der Hansestadt Stralsund die Europäische Route der Backsteingotik, kurz EuRoB genannt, eröffnet wurde. Damit beteiligen sich 22 Städte aus sieben Ostseeländern (Dänemark, Schweden, Deutschland, Polen, Litauen, Lettland und Estland) an der gemeinsamen touristischen Präsentation und dauerhaften Erhaltung des länderübergreifenden Kulturerbes aus der Zeit der Hanse und der Backsteingotik.

Mit dieser Publikation will unsere Stiftung die Schönheit der beiden Städte Wismar und Stralsund zeigen. Denn man muss es mit eigenen Augen sehen, was hier in den letzten Jahren getan wurde. Dann begreift man, dass Denkmalpflege etwas Lebendiges ist, das uns in Europa alle angeht.

Gottfried Kiesow

Professor Dr. Dr.-Ing. E.h. Gottfried Kiesow
Vorstandsvorsitzender
der Deutschen Stiftung Denkmalschutz

Die rekonstruierte Poeler Kogge (vgl. S. 23) liegt seit 2004 im Alten Hafen von Wismar. Bug und Heck zeigen die typische Klinkertechnik des 14. Jahrhunderts.

Die Botschaft der Hanse heißt Europa

Wir hatten die Initiative zur Baukunst Norddeutschlands zunächst ›Wege zur Backsteingotik‹ genannt. Denn nachdem wir im Verbund mit vielen Gleichgesinnten jahrelang viel Kraft, Zeit und Geld für die Erhaltung der alten Hansestädte Lübeck, Wismar und Stralsund gegeben hatten, wurde uns klar, dass die alten Städte noch mehr Hilfe brauchen. Viele Bürger wissen bis heute nicht um den Wert einer einzigartigen europäischen Kulturlandschaft, die nach wie vor bedroht ist. Die Anerkennung von Wismar und Stralsund als gemeinsame Welterbestätte der UNESCO setzte 2002 ein hilfreiches Zeichen. Diese Würdigung verpflichtet alle zur Bewahrung der vielen Details, die den Charme eines Stadtbildes ausmachen, und sie zieht Besucher an, die neugierig geworden sind.

Der Initiative ›Wege zur Backsteingotik‹ folgten Publikationen und Ausstellungen über die Hanse in den fünf Städten Lübeck, Wismar, Rostock, Stralsund und Greifswald. Mit Unterstützung der Europäischen Union haben sich nun 22 Städte an der Ostsee zusammengefunden, um ihr mittelalterliches Erbe gemeinsam zu bewahren. Auch unsere Stiftung wird weiterhin in Stralsund und Wismar einen Schwerpunkt ihrer Fördertätigkeit sehen.

Durch erfolgreiche Projekte wie unser Stralsunder Museumshaus in der Mönchstraße 38 (S. 98 ff.) können wir vermitteln, wie sich Wohnen in 700 Jahren veränderte und zugleich zeigen, warum Denkmalpflege auf Bauforschung und Dokumentation nicht verzichten darf. Und mit der Rettung des Heilgeistklosters in Stralsund (S. 130 ff.) wurden zeitgemäße Wohnungen im historischen Ambiente geschaffen. Ähnliches gilt für Wismar, wo wir im Schatten der Großbaustelle Georgenkirche (S. 44 ff.), die viele Touristen anzieht, Privatleute und Denkmalpflege-Initiativen unterstützen. Durch zahlreiche Aktionen, durch unsere exklusiven Reisen sowie Publikationen wie diese, erfahren unsere mehr als 150 000 Förderer und Stifter, was mit ihrem Geld konkret geschieht und warum Öffentlichkeitsarbeit und finanzielle Unterstützung der Denkmalpflege zwei Seiten ein und derselben Medaille sind.

Dr. Robert Knüppel

Generalsekretär
der Deutschen Stiftung Denkmalschutz

Über die Entstehung und Entwicklung der Hansestädte Wismar und Stralsund

Die Quelle ihres Reichtums ist das Meer. Ohne das Meer wären sie nicht entstanden, dem Meer verdanken sie alles, ihren Aufstieg, ihre Macht, ihre Schönheit. Doch die strategisch interessante Lage an der Ostsee brachte auch Krieg, Zerstörung und Not. Bis heute sind die beiden Hansestädte Wismar und Stralsund auf das Meer bezogen. Neben den Häfen, in denen im Mittelalter Koggen anlegten, entstanden im 20. Jahrhundert Industriehäfen. Die blau-grün-weiß gestreiften Werfthallen beider Städte sind Wahrzeichen unserer Zeit.

Im Jahr 2002 wurden beide Altstädte von der UNESCO gemeinsam zur schützenswerten Welterbestätte erklärt. Doch schon immer

Die spätgotische Miniatur zeigt eine typische Hafenszene mit Frachtschiffen und prächtig gekleideten Kaufleuten. Die normalerweise in Fässern transportierten Waren wurden – wie hier im Hamburger Hafen – mit Kränen aus den großen dreimastigen Kraweelen ans Ufer oder in kleinere Ruderboote umgeladen. Über Land oder Kanäle gelangten die Fässer von Hamburg nach Lübeck, dem ›Haupt der Hanse‹.

(Miniatur aus dem Hamburger Recht von 1497)

Bis heute werden in Wismar und Stralsund Containerschiffe gebaut. Das Foto zeigt die Wismarer Werft, in der zwei Schiffe in der abgebildeten Größe gleichzeitig gebaut werden können.

werden Wismar und Stralsund mit der 1987 bereits in die UNESCO-Liste aufgenommenen Hansestadt Lübeck genannt. Das hat seinen guten Grund.

Wer die Backsteinstädte entlang der Ostseeküste besucht, kann an ihrem heutigen Erscheinungsbild ablesen, was Lübeck, Wismar und Stralsund miteinander verbindet. Denn die Städte haben große Ähnlichkeit miteinander. Das liegt zunächst am Baumaterial, dem Backstein, dessen warmer Rotton alle norddeutschen Städte prägt. Doch das Material allein ist es nicht. Die faszinierende Ähnlichkeit zwischen Wismar und Stralsund kommt daher, dass sich die städtebaulichen Strukturen gleichen. Jede Hansestadt war jahrhundertelang von einer Mauer umgeben, deren Verlauf bis heute zu erkennen ist, jede Stadt hat einen Ostseehafen, in jeder findet man einen auffallend großen, rechteckigen Marktplatz, auf den die von Giebelhäusern gesäumten Hauptstraßen führen, und die Bürgerhäuser einer jeden Stadt werden von drei gotischen Stadtpfarrkirchen überragt, die zur allgemeinen Verwirrung der Besucher nicht nur meist die Patrozinien St. Marien, St. Nikolai und St. Jakobi tragen, sondern sich auch baulich stark ähneln. Außerdem gibt es in jeder Stadt weitere Backsteinkirchen und Klöster. Die Wismarer und Stralsunder Bürger richteten überdies jeweils ein Heiligen-Geist-Hospital bzw. ein Heilgeistkloster als Krankenhäuser ein.

Warum aber wiederholen sich in diesen idealtypischen Städten diese Merkmale? Weil es planmäßige mittelalterliche Stadtgründungen sind, die kurz nacheinander entstanden. Ihre Bauherren kannten nicht nur die Nachbarstädte an der Ostsee gut, sondern nahmen sich die Stadt Lübeck mit dem Rathaus und der Ratskirche St. Marien sogar ausdrücklich zum Vorbild, das sie übertreffen wollten.

Die Küstenstädte östlich von Lübeck gehen meist auf Gründungen an alten slawischen Orten zurück. Die christlichen Neusiedler kamen im späten 12. Jahrhundert von Westen und ließen sich an politisch und wirtschaftlich günstigen Plätzen nieder. Über die Struktur der bestehenden slawischen Siedlungen weiß man vergleichsweise wenig, weil diese Kultur zwischen dem 6. und 12. Jahrhundert keine schriftlichen Zeugnisse oder Steinhäuser hinterließ und ihre Orte überbaut wurden. Aber die fischreiche Ostsee und die halbinselähnlichen, durch Sümpfe geschützten Uferlagen hatten bereits Jahrtausende zuvor Menschen angezogen, die von dort quer über die Ostsee Handel trieben. Die vielen Megalith- und Hügelgräber verweisen auf Kulturen, die viel älter als 10000 Jahre sind. Was in dieser Publikation vorgestellt wird, sind die heute erlebbaren Städte, die als gemeinsame UNESCO-Welterbestätte gewürdigt wurden. Untrennbar ist mit ihrer Geschichte der Begriff ›Hanse‹ verbunden.

Was ist die Hanse?

Hansestadt, HanseSail, Hansetage – und im Autokennzeichen steht vor vielen Städtenamen das ›H‹ für Hansestadt. Die Küstenstädte sind stolz auf ihre hansische Tradition. Was aber meinte man im Mittelalter mit dem Begriff? Zunächst ist es ganz einfach: Wer nur für den Eigenbedarf produziert und selbst alles verbraucht, wird selten reich. Geschäfte macht man durch Handel. Wer die Gewinnspanne vergrößern will, muss reisen, muss Waren von einem Hersteller zu einem weiter entfernten anderen Käufer und von einem Land zum anderen transportieren und sich in entfernteren Orten nach neuen Märkten umsehen. Reisen aber war im Mittelalter riskant, ob über Land oder zu Schiff. Deshalb schlossen sich die Kaufleute der verschiedenen Städte zu Fahrgemeinschaften zusammen und versprachen sich in fremden Städten und Ländern gegenseitigen Schutz. Diese Vereinigungen der Kaufleute auf der Fahrt zu einem auswärtigen Ziel nannte man ›Hansen‹ (Hammel-Kiesow Hanse

Am 24. Mai 1370 wurde im Stralsunder Rathaus die Friedensurkunde für den ›Frieden von Stralsund‹ ausgestellt. Darin wurde festgelegt, dass Dänemark die Handelsvorrechte der Hansestädte respektieren und 15 Jahre lang zwei Drittel seiner Einnahmen aus den Sundschlössern an die Hanse ausliefern musste.

(Urkunde im Kulturhistorischen Museum Stralsund)

Die europäischen Fernhandelsrouten der Hanse aus hansischer Sicht zwischen etwa 1300 und 1400. In frühhansischer Zeit, um die Wende 13./14. Jahrhundert, war der Ostseeraum mit dem genuesischen und venezianischen Handelsraum durch die Seewege über Brügge und London und durch den Landweg über den Rhein und den Großen St. Bernhard verbunden.

Seit der zweiten Hälfte des 14. Jahrhunderts gewannen die Direktfahrten vom östlichen Ostseeraum ins nordwestliche Europa (die sog. Umlandfahrt) und der Kontinentalhandel von Oberitalien über die Alpen nach Mitteleuropa zunehmend an Bedeutung.

2000, 44–46). Während sich die Handwerker und Kaufleute in Zünften und Gilden ihrer Städte gegenseitig schützten, schlossen die reisenden Kaufleute aus verschiedenen Städten gemeinsame Verträge für die Dauer der Reise.

Frieden als Voraussetzung für Profit

Dieser ›Schutz‹ ist nicht nur physisch gemeint. Ging es den Kaufleuten zunächst ganz handfest darum, sich gegen Seeräuber, Piraten und Wegelagerer zusammenzutun, dienten die Verträge mehr und mehr dazu, den Profit zu steigern und die Konkurrenz zu kontrollieren. Bis zur Mitte des 13. Jahrhunderts hatten sich die aufstrebenden, konkurrierenden Küstenstädte gegenseitig bekämpft. Dabei ging es um die Vergabe von Privilegien und Fischereirechten wie etwa das Heringsprivileg für Stralsund. Nach schweren Verlusten auf allen Seiten erkannten die Ratsherren der Städte den Vorteil gegenseitiger Schutzzusicherungen gegen die Konkurrenzstädte und Seeräuber. Diese politische Befriedung der Verkehrswege im späten 13. Jahrhundert schuf die Voraussetzung dafür, dass einzelne Kaufleute überhaupt reisen konnten oder in ihrem Kontor blieben und von dort gleich mehrere Vertreter gleichzeitig entsenden konnten.

Diese ›kommerzielle Revolution‹ (Hammel-Kiesow Hanse 2000, 52) im nördlichen Europa veränderte die mittelalterliche Gesellschaft. Mit dem Geld kam die Macht. Die Kaufleute der Städte wurden mächtiger als die adligen Großgrundbesitzer, deren Einkünfte wegen der Landflucht der Menschen zurückgingen. Die Bürger wollten sich bald selbst regieren. Im Jahr 1201 wird ein Stadtrat für Lübeck erwähnt, und 1226 kann Kaiser Friedrich III. Lübeck den Status einer Freien Reichsstadt nicht mehr verwehren. 1229 erhält Wismar das Stadtrecht, 1234 Stralsund. ›Städte‹ steigen nun zur juristischen, politischen und sozialen Einheit auf.

Das von außen sichtbare Zeichen für eine ›Stadt‹ bilden die bald darauf (in Wismar

Wismar (diese Seite) und Stralsund (rechte Seite) sind auf den Hafen ausgerichtet. Der Kupferstich von ›Wismaria‹ entstand 1598 nach einer 1595 angefertigten Zeichnung des Wismarer Ratsherrn Georg Jule. Die Darstellung betont die Hafenanlagen und Weiden vor der Stadt. Das Rathaus und die Bürgerhäuser werden von den drei großen Stadtpfarrkirchen S. Niclaus (Nikolai), S. Maria (Marien) und S. Jurgen (Georgen) überragt.

Wismar und Stralsund profitierten beide von der ungemein günstigen Lage an der Fernhandelsstraße entlang der Ostseeküste.

1276) entstandenen Stadtmauern. Sie sind die Grenze zwischen Innen und Außen, zwischen ungesichertem Land und geschützter Stadt. In dem Augenblick, in dem die Siedler zu Bürgern und der Handelsplatz zur Stadt wurde, brauchten die Bewohner ein repräsentatives Symbol ihrer bürgerlichen Unabhängigkeit, gleichsam eine gebaute Visitenkarte ihrer politischen Einheit: das Rathaus. Die Lübecker beginnen um 1230 mit dem Bau ihres Rathauses. Mit Blick auf dieses Symbol bürgerlicher Selbstverwaltung bauten sich die Wismarer und die Stralsunder ein ähnliches, nun aber größeres, schon von Weitem sichtbares Rathaus. Das erste Wismarer Rathaus verbrannte 1350, der Nachfolgebau stürzte 1807 ein und wurde 1817/19 durch einen klassizistischen Neubau ersetzt. Das Stralsunder Rathaus hingegen wurde ab 1881 – wenn auch historisierend interpretiert – restauriert und ist bis heute das imposanteste Rathaus an der deutschen Ostseeküste.

Vom Wendischen Quartier zum Frieden von Stralsund

Mit der juristischen Unabhängigkeit der jungen Städte vom fürstlichen Landesherrn verstärkte sich die Konkurrenz untereinander. Der Konflikt gipfelte 1249 in der Belagerung und Zerstörung Stralsunds durch Lübeck. Erst zehn Jahre danach (1259) schlossen die drei Städte Lübeck, Wismar und Rostock einen Schutzvertrag gegen See- und Straßenräuber ab. Fünf Jahre später einigten sich nunmehr acht Städte – Lübeck, Wismar, Stralsund, Rostock, Greifswald, Demmin, Anklam und Stettin – nach zähen Verhandlungen auf gegenseitige Schutzzusicherungen: Sie schlossen sich 1264/65 zum ›Wendischen Städtebund‹ zusammen und legten damit den politischen Grundstein für die Städtehanse, bei der sich nicht mehr die Kaufleute gegenseitigen Schutz versicherten, sondern die Städte. Dem ›Wendischen Quartier‹ schlossen sich in den nächsten Jahrzehnten weitere Städte an, die unter der Leitung Lübecks durch geschickte Handelspolitik innerhalb weniger Generationen so erfolgreich wurden, dass sie sich neben den Rathäusern repräsentative Stadtpfarrkirchen mit teuren Ausstattungen leisteten. Mit dem ersten allgemeinen Hansetag 1356 beginnt die Städtehanse. 1358 fand der Hansetag erstmals in Lübeck statt, das seitdem der traditionelle Gastgeber wurde. Diese Rolle war mit Prestige und moralischen Verpflichtungen, nicht aber mit einer verbrieften Machtposition verbunden (Hammel-Kiesow Hanse 2000, 78).

Mit dem Sieg der Hansestädte über Dänemark, der mit dem Friedensvertrag von Stralsund vom 24. Mai 1370 besiegelt wurde, stieg Lübeck zum ›Haupt der Hanse‹ auf. Rückblickend war dies die Zeit der größten Machtentfaltung der Hanse, denn bei allem wirtschaftlichen Erfolg war es für die Städte schwierig, langfristig einen gemeinsamen politischen Willen zu bilden. Unter Ivan III. wurde 1494 das wichtige Kontor in Nowgorod geschlossen, 1598 schloss Königin Elisabeth I. das Londoner Kontor, den ›Stalhof‹. Nach dem Dreißigjährigen Krieg wurde die hansische Tradition nur noch von Lübeck, Hamburg und Bremen fortgeführt, während Wismar und Stralsund überregional bedeutungslos wurden. Der letzte Hansetag fand 1669 statt.

Die Frage aber, warum überhaupt innerhalb weniger Generationen im 12. und 13. Jahrhundert so viel mehr Güter produziert und überregional umgesetzt werden konnten, hat einen banalen Grund. Sie hängt mit dem enormen Bevölkerungswachstum zusammen – wobei nicht schlüssig erklärt werden kann, welche Faktoren sich dafür ursächlich beeinflussten.

Mehr Menschen, mehr Handel

Man weiß, dass im 13. Jahrhundert in der Landwirtschaft Vieles weiterentwickelt wurde, wie etwa die Pflügetechnik, die Mühlen, die Dreifelder-, und die Dreizelgenwirtschaft, die gleichmäßigere Ernten bescherten. Offenbar hatte man auch über Jahrzehnte mehr Glück mit dem Wetter, denn manche Quellen lassen auf ein mildes, stabiles Klima schließen. Statistisch gesehen verdoppelten sich die Getreideerträge Westeuropas in wenigen Jahren, mehr Menschen wurden satt. Die Bevölkerungszahl stieg zwischen dem Jahr 1000 und 1300 von etwa 3,5 Millionen auf 13 bis 14,5 Millionen. Damit vervierfachte sich die Ein-

Die Stralsunder Bilderhandschrift aus dem frühen 17. Jahrhundert zeigt den Blick auf die Stadt Stralsund vom Meer aus. Die hohen gotischen Turmdächer der drei Stadtpfarrkirchen St. Marien, St. Nikolai und St. Jakobi überragen die Stadttore und Giebelhäuser. Lange Seebrücken aus Holz verbinden das Ufer der Stadt mit dem flachen Boddengewässer (vgl. S. 78/79). Trotzdem mussten die Waren von den Koggen auf kleinere Boote umgeladen werden.

Straßen in Stralsund (unten) und Wismar (rechte Seite).

Die Mühlenstraße in Stralsund führt auf den Alten Markt. Die Häuser stammen aus verschiedenen Jahrhunderten und bilden doch ein harmonisches Ganzes.

wohnerzahl in Westeuropa in dreihundert Jahren. Dieses Wachstum war erst im 19. Jahrhundert im Zuge der Industrialisierung wieder so stark (Hammel-Kiesow Hanse 2000, 23). Mehr Menschen, das erfordert mehr Bewegung, mehr Waren, Handel – und damit neue Regeln für das Zusammenleben.

Das 12./13. Jahrhundert zeigt sich rückblickend als Zeit großer Gegensätze. Es war auch die Zeit der fürchterlichen Kreuzzüge, die große Menschenmengen in Bewegung setzten. Diese religiös und wirtschaftlich motivierten Kriege brachten den einen viel Leid und den anderen Reichtum, sie hinterließen Witwen und Waisen und veränderten die Gesellschaft nachhaltig. Einerseits wurde die höfische Kultur verfeinert, erlebte die Minneliteratur ihre Blütezeit und wurde die Lebensart in vielen Bereichen kultiviert. Andererseits aber weichte eine nicht gekannte Landflucht die feudale Gesellschaftsordnung auf und zog in den neu gegründeten Städten an der Ostsee auch große Armut nach sich. Mitte des 13. Jahrhunderts brach das staufische Kaisertum zusammen, die Städte mussten sich nun selbst schützen. Die Bürger in Städten wie Lübeck, Wismar und Stralsund erlebten innerhalb weniger Jahrzehnte einen nicht gekannten Aufschwung. Denn nachdem die eingewanderten Siedler seit dem frühen 13. Jahrhundert das Land der Slawen vereinnahmt hatten, stand der systematischen Besiedlung und dem wirtschaftlichen Aufstieg nichts mehr im Wege. Vor den neuen Bewohnern lag, modern formuliert, ein weites Einzugsgebiet mit großem wirtschaftlichen Potential.

Die Kaufleute fuhren mit Schiffen bis zu den Erzeugern der Waren, um sie dort günstig einzukaufen, und sie bei ständig wachsender Nachfrage in das europäische Binnenland wei-

Die Lübsche Straße in Wismar, im Hintergrund der wiederaufgebaute nördliche Querhausgiebel von St. Georgen. Die Fassaden der Giebelhäuser zeigen die unterschiedlichen Interpretationen der jeweiligen Sanierung.

ter zu verkaufen. Innerhalb weniger Generationen hatten die niederdeutschen Kaufleute den gesamten Zwischenhandel vom nordwestlichen bis zum nordöstlichen Europa unter Kontrolle (nach Hammel-Kiesow Kat. Die Hanse 2002). Sie unterhielten Handelsniederlassungen im östlichen Nowgorod mit seinem weiten Hinterland bis nach Sibirien, im westlichen Brügge und anderen flandrischen Städten sowie in London (siehe Karte). Später nannte man die Handelsniederlassungen Kontore.

Gehandelt wurde mit vielerelei Waren, mit Luxusgütern wie auch mit Dingen für den täglichen Bedarf. Zu den Luxusgegenständen zählten beispielsweise Wachs, Pelze, Wein und teure Stoffe, zu den Massenprodukten gehörten Getreide, Mehl, Fische wie Hering und Stockfisch, Honig, Salz, Holz- und Waldbauprodukte wie Teer, Pottasche und Pech, außerdem die besonders in Flandern begehrte Blaufärbe-Pflanze Waid und vieles mehr (Hammel-Kiesow Hanse 2000).

Wismar und Stralsund gehörten nach dem Dreißigjährigen Krieg lange zu Schweden, zwischenzeitlich auch kurz zu Dänemark. Vor allem in Wismar, das von 1632 bis 1803 bzw. 1903 schwedisch blieb, führte die ungeklärte politische Lage dazu, dass wirtschaftlich keine größeren Investitionen getätigt wurden. Städtebaulich hatten beide Städte ihre Blütezeit in der Hochphase der Hanse im 13./14. Jahrhundert erlebt. Der im 12./13. Jahrhundert entstandene Stadtgrundriss hat die wechselvolle Geschichte bis heute überdauert.

Markante Daten für die Backsteinarchitektur und die Hanse

Hintergrund

Im 11. Jh. beginnt eine Kolonisationswelle, die Bevölkerungszahl steigt in Westeuropa.
1096 Erster Kreuzzug.
1125–37 forciert Lothar von Süpplingenburg (ab **1125** König Lothar III.) die missionarisch geprägte Einbeziehung der südwestlichen Ostseeküste ins *regnum Teutonicum*, indem er die Territorialherren mit entsprechenden Gebieten ausstattet: Die Askanier erhalten unter Albrecht dem Bären **1137** die Altmark (Nordmark). Heinrich der Löwe unterwirft **1167** den Obotritenfürsten Pribislaw und macht die Herzöge von Pommern lehensabhängig. Deutsche Territorialherren und slawische Fürsten rufen Bürger und Bauern ins Land. Zugleich werden Klöster gegründet.

Starke Bevölkerungszunahme im 12./13. Jh. (zw. 1000 und 1300: Von 3,5 Mio Ew auf 13–14,5 Mio Ew)

1147 sog. Wendenkreuzzug. Im gleichen Jahr Zweiter Kreuzzug. **1189** Dritter Kreuzzug. **1202** Vierter Kreuzzug. **1217** Fünfter Kreuzzug. **1248** Erster Kreuzzug von König Ludwig IX. von Frankreich. Etwa zeitgleich, zwischen etwa **1150** und **1250**, entsteht ein zusammenhängender Wirtschaftsraum an der Ostsee. Mitte des 13. Jh. bricht das staufische Kaisertum zusammen und die Städte müssen sich selbst schützen. Es beginnt der Aufstieg der Hanse. Im 13. Jh. werden die geräumigen Koggen entwickelt, die den skandinavischen Ruderbooten überlegen sind und dazu beitragen, dass die Städte der südlichen Ostseeküste ihre Handelsbeziehungen ausdehnen.

Zwischen **1348** und **1350** herrschen in ganz Nordeuropa – auch in Lübeck, Wismar und Stralsund – Pestepidemien. Bösartige Unterstellungen führen nach 1350 erstmals dazu, dass die jüdische Bevölkerung vertrieben wird, mehr als 350 Gemeinden werden in wenigen Jahren vernichtet.
Im 14. Jh. nimmt die Bevölkerungszahl infolge der Pest drastisch ab. Viele Dörfer fallen wüst, die Menschen wandern in Städte ab.
Seit Mitte des 14. Jh. wird die Hanse als Organisation fassbar. Mit dem Sieg der Hansestädte über Dänemark und dem Frieden von Stralsund (**1370**) erleben die Hansestädte einen wirtschaftlichen Aufschwung.

Im 15. und 16. Jh. nimmt die Bedeutung der Hanse nach und nach ab, weil sich die Gesellschaft verändert hat: Dazu trug die Entdeckung Amerikas bei, das Erstarken der nordeuropäischen Länder, vielleicht auch das Ausbleiben der Heringszüge in der Ostsee, aber vor allem die Reformation.
1494 wird der Petershof in Nowgorod geschlossen, **1598** der Stalhof in London. Die Hanse wird allmählich funktionslos.

Lübeck

1. Hälfte 12. Jh.: Eroberung der slawischen Gebiete entlang der Ostseeküste, Expansion der Kaufleute.
1138 Zerstörung von Alt Lübeck (Burg mit slawisch-christlicher Siedlung) durch nichtchristliche Slawen.
1143 Gründung der deutschen Stadt Lübeck durch Graf Adolf II., **1159** Wiederaufbau Lübecks unter Heinrich dem Löwen.
1160 Verlegung des Bistums Oldenburg (Holstein) nach Lübeck, Baubeginn des Lübecker Doms.

Vom 13. bis 16. Jh. besitzt Lübeck als ›Haupt der Hanse‹ (›hovet der hense‹) eine diplomatisch herausgehobene Position innerhalb der Hansestädte.
1201 wird erstmals ein Rat erwähnt.
1226 Abkommen zwischen Lübeck und Rostock über gegenseitige Zollfreiheit. Kaiser Friedrich III. erhebt Lübeck zur Freien Reichsstadt.
Um **1230** Baubeginn des ersten Rathauses, das 1340/50 völlig umgebaut wird.
1259 schließen Lübeck, Wismar und Rostock einen Schutzvertrag gegen See- und Straßenräuber ab.
1264/65 ›Wendischer Städtebund‹ zwischen acht Städten: Lübeck, Wismar, Stralsund, Rostock, Greifswald, Demmin, Anklam, Stettin.

Bis zur Wende 13./14. Jh. entstehen wegen des großen Speicherbedarfs etwa eintausend Backsteinhäuser in Lübeck.
1356 Erster allgemeiner Hansetag.
1358 Bund »van der düdenschen hanse« zur Sicherung von Handelsvorteilen. Erster Hansetag in Lübeck. Ausländische Kontore werden gegründet, in Nowgorod der Petershof, in London der Stalhof, in Bergen die Deutsche Brücke.
Hauptgegner der Hanse ist Dänemark.
1361/62 siegt Dänemark unter Waldemar IV.
1367–70 siegt die Hanse, der Sieg wird besiegelt im **1370** Frieden von Stralsund.
Mehr als 200 Städte werden Mitglied der Hanse.
1380/84 bürgerliche Unruhen.

1408 Verfassungskrise.
1464–78 Bau des Holstentores.

1529/31 Einführung der Reformation.
1557 Hansetag in Lübeck, Versuch einer Reorganisation der Hanse.
1563/70 Nordischer Siebenjähriger Krieg (Lübeck mit Dänemark unterliegt gegen Schweden).

1669 letzter Hansetag in Lübeck.

1806 Napoleonische Truppen nehmen Lübeck ein.

1987 wird Lübeck UNESCO-Welterbe.
1989 Gründung des Neuen Hansebundes unter Vorsitz von Lübeck.

Wismar

12. Jh.: Eine Siedlung ist vorhanden. Fünf Kilometer südlich, bei Dorf Mecklenburg, liegt der Hauptsitz der slawischen Obotriten, der durch einen Fluss mit der Wismarbucht als natürlichem Hafen verbunden ist.
1167 Heinrich der Löwe setzt die Bistumsgrenzen fest, bezeichnet den östlichen Grenzfluss in einer Urkunde als ›Wissemara‹.

12./13. Jh.: Entstehung einer Kaufmanns- und Marktsiedlung. **1209** ist ein Seelandeplatz belegt. Aus dem Todesjahr des Fürsten Heinrich Borwin 1227 leitete man oft das Gründungsjahr Wismars 1226 ab. Aber erst 1229 ist durch eine Schenkung von Land ein städtischer Verband urkundlich belegt. Deshalb gilt das Jahr **1229** als Gründungsjahr der Stadt Wismar, die damit im Jahr **2004** ihr 775-jähriges Jubiläum feierte.
Um **1238–50** entsteht wegen der großen Zuwanderung von Siedlern die Neustadt um St. Georgen als drittem Siedlungskern Wismars. Nun ist die Stadtgröße bis ins 19. Jh. festgelegt.
1256 verlegt Fürst Johann von Mecklenburg seine Residenz von der Mecklenburg nach Wismar.
1259 Schutzvertrag, vgl. Lübeck.
1264/65 ›Wendischer Städtebund‹, vgl. Lübeck. Der erste ›Hansetag‹ findet in Wismar statt.
1266 Urkundliche Bestätigung des Lübischen Rechts, das bereits seit Jahrzehnten in Wismar gilt.
1267 großer Stadtbrand.
1276 Bau der Stadtmauer um alle drei Stadtteile unter Auslassung der fürstlichen Burg.

Vor **1306** großer Stadtbrand.
1329 wird die herzogliche Burg an die Stelle des heutigen Fürstenhofes verlegt.
1349/50 erste schlimme Pestepidemie.
1350 Stadtbrand. Neubauten meistens in Backstein.
1370 Frieden von Stralsund, vgl. Lübeck.
1376 zweite Pestepidemie.
Um **1380** wird der legendäre Seeräuber Klaus Störtebecker im Verfestungsbuch Wismars erwähnt.

1409–16 Regierung des sog. Neuen Rates, an dem auch Handwerker beteiligt waren. **1416** Wiedereinsetzung des Alten Rates ohne Handwerker.
1427–29 Unruhen um die Ratsbesetzung, Bürgermeister Bantzkow und Ratsherr v. Haren werden hingerichtet.

1523 Beginn der Reformation in Wismar.

1632 Die Schweden ziehen ein.

Wismar gehört bis **1903** zu Schweden und wird zur Festung ausgebaut.
2002 werden Wismar und Stralsund gemeinsam zur UNESCO-Welterbestätte ernannt.

Stralsund

1168 Dänen erobern die wendische Tempelburg Arkona auf Rügen. Das Fürstentum Rügen kommt damit unter dänische Herrschaft.
1180/90 ältester datierbarer Bodenfund im Hafengebiet von Stralsund, ein bronzenes Vortragekreuz.
1185 Pommern und Mecklenburg unter dänischer Oberherrschaft.

1224 Umfangreiches Handelsprivileg von Fürst Wizlaw I. von Rügen, Einführung des Lübischen Rechts im Fürstentum Rügen.
1234 Fürst Wizlaw I. verleiht der Stadt ›Stralow‹ Stadtrechte.
1240 werden die Stadtrechte für die neue Stadt ›Stralesund‹ bestätigt.
1249 Überfall der Lübecker auf Stralsund.
1264/65 ›Wendischer Städtebund‹, vgl. Lübeck.
1265 Vertrag zwischen Stralsund und Demmin.
1267 Vertrag zwischen Stralsund und Tribsees.
1271 Großer Stadtbrand.
1278 Älteste Hafenordnung der Stadt Stralsund.
1283 Rostocker Landfrieden.
1290 Das Privileg Wizlaws II. gewährt Stralsund die Fischereirechte auf Rügen.

1316 Schlacht im Hainholz gegen den Landesherren.
1325 stirbt das Rügische Fürstenhaus aus, Stralsund gelangt an das Herzogtum Pommern.
1370 Frieden von Stralsund, vgl. Lübeck.
Zeit der höchsten Machtentfaltung der Hanse.

1407 ›Papenbrand thom Sunde‹, ein Volksaufstand gegen die kirchliche Ordnung.

1524 ›Kirchenbrechen zu Stralsund‹, damit Beginn der Reformation in Stralsund.

1618–1648 Dreißigjähriger Krieg in Europa:
1628 belagern die Truppen Albrechts von Wallenstein erfolglos die Stadt Stralsund.
1630–1635 Schwedischer Krieg. Beginn der ›Schwedenzeit‹ für Stralsund.
1648 wird im Westfälischen Frieden festgelegt, dass Stralsund an Schweden gelangt.
1678 erobert der brandenburgische Kurfürst Stralsund, große Teile der Neustadt werden zerstört.
1680 Stadtbrand.

1715 gelangt Stralsund an Dänemark, **1720** zurück an Schweden.

1807 nehmen napoleonische Truppen Stralsund ein, **1815** gelangt Schwedisch-Pommern an Preußen, und Stralsund wird Sitz einer preußischen Bezirksregierung.

2002 werden Wismar und Stralsund gemeinsam zur UNESCO-Welterbestätte ernannt.

Wismar

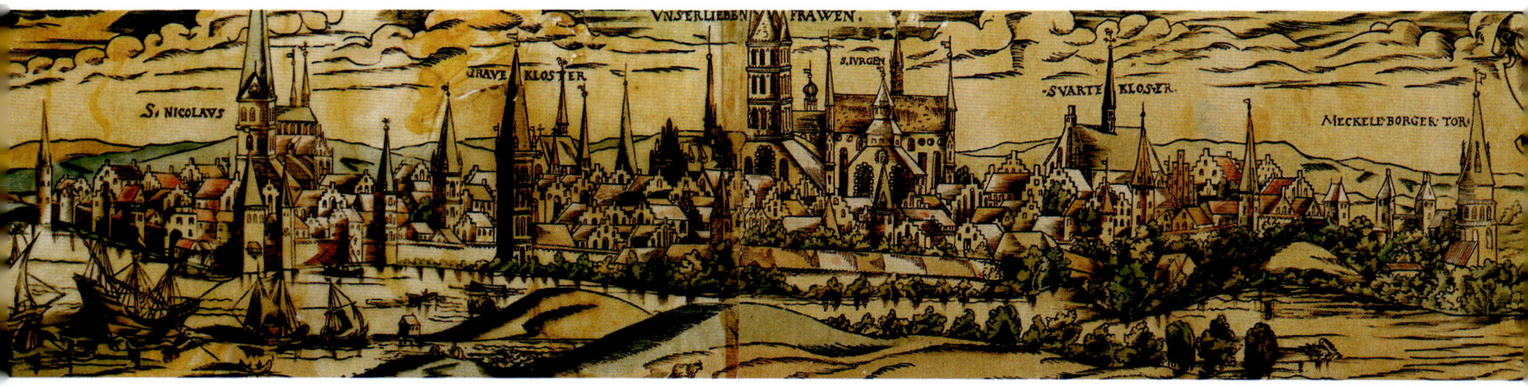

Die älteste überlieferte Stadtansicht Wismars: ein Holzschnitt von Martin Weigel aus den Jahren 1550/55. Der Künstler blickte von Westen auf die Stadt.

Von links nach rechts sind zu sehen: St. Nicolaus (St. Nikolai), Grave Kloster (Graues Kloster, heute Große Stadtschule/Geschwister Scholl-Gymnasium), Unser Lieben Frawen (St. Marien), S. Iurgen (St. Jürgen, heute St. Georgen), Svarte Kloster (Schwarzes Kloster, heute Integrierte Gesamtschule ›Johann Wolfgang von Goethe‹), Meckelenborger Tor (Mecklenburger Tor im Süden, zerstört).

Wissemara ist der Name der nachgebauten Poeler Kogge, die Pfingsten 2004 vom Stapel lief und bis 2005 im Hafen von Wismar in traditioneller Bauweise fertig gebaut wird. ›Wissemara‹ war der Name eines schmalen Flusses, der im benachbarten Dorf Mecklenburg, der einstigen Stammburg der Obotriten, vorbeifließt und in die Ostsee mündet. Als der Bayern- und Sachsenherzog Heinrich, genannt Heinrich der Löwe, 1167 diesen Grenzfluss seines Bistums Ratzeburg in einer Urkunde mit dem Namen ›Wissemara‹ bezeichnete, ahnte er nicht, dass er damit Jahrhunderte später zu der offenen Diskussion um die Namensgebung der späteren Stadt beitragen würde. Immerhin soviel ist sicher: In Heinrichs Urkunde taucht der Name Wissemara zum ersten mal schriftlich auf. Wie groß die Siedlung damals war, weiß man nicht. Mit Sicherheit wurde der natürliche Hafen der Wismarer Bucht genutzt, seitdem es Schiffe gab, wenn er auch urkundlich erst Jahrzehnte später belegt ist. Kaiser Otto IV. erteilte den Schwerinern am 4. Januar 1211 das Privileg, zwei Koggen und beliebig viele kleinere Schiffe im Hafen von Wismar zu betreiben (nach Giese 2004, 53; Busjan Kat. Bauten 2002, 14; Hoppe 1991; Schlie, 1898, 1 f.).

Der Hafen lag nahe bei der Siedlung und wurde spätestens im 13. Jahrhundert durch einen Kanal, die so genannte ›Grube‹, mit der Siedlung verbunden. Im Mittelalter war die 1255 erstmals erwähnte Grube schiffbar, heute fließt sie, durch Mauern eingefasst (S. 41 u. 57), gemächlich an St. Nikolai vorbei. Die Grube gab dem Straßenverlauf ›Frische Grube‹ und ›Mühlengrube‹ den Namen und grenzt den nördlichen Teil der Altstadt von der übrigen Stadt ab.

Durch eine Urkunde Fürst Johanns von Mecklenburg aus dem Jahr 1229 ist schriftlich belegt, dass es spätestens zu dieser Zeit einen

Der heutige Stadtplan der Altstadt zeigt, dass die unregelmäßig kreisförmige Stadtanlage des 13. Jahrhunderts bis heute erhalten ist.

Die drei Stadtpfarrkirchen: der südliche Querschiffgiebel von St. Georgen, der südliche Querhausgiebel von St. Nikolai und der Turm von St. Marien.

städtischen Verband gegeben hat (Giese 2004, 53; Busjan Kat. Bauten 2002, 14; Schlie, 1898, 2 f.). Deshalb gilt das Jahr 1229 in Wismar als Gründungsjahr der Stadt, so dass im August 2004 nicht nur das alljährliche Schwedenfest, sondern zugleich auch das 775-jährige Bestehen der Hansestadt gefeiert wurde. Nach dieser Rechnung ist Wismar fünf Jahre älter als die Schwesterstadt Stralsund, die im Jahr 1234 von ihrem Landesherrn, Fürst Wizlaw I., die Stadtrechte erhielt.

Innerhalb einer Generation kamen so viele Zuwanderer in der Hoffnung auf eine bessere Zukunft aus Mecklenburg, Niedersachsen, Westfalen, Flandern, Friesland, Holstein und Dänemark in die aufstrebende Stadt, dass man im Südwesten seit 1238 eine Neustadt mit der dritten großen Stadtpfarrkirche St. Georgen anlegte. Mit dieser bis Mitte des 13. Jahrhunderts erfolgten Stadterweiterung war die Ausdehnung der Stadt festgelegt. Die Stadt entwickelte sich innerhalb des Mauerrings mit fünf Toren.

In dieser Gestalt repräsentiert die Altstadt von Wismar trotz der Verluste im Zweiten Weltkrieg eine idealtypische Stadtgründung des 12./13. Jahrhunderts. Die meisten Backstein-Gebäude, die heute die Altstadt prägen, entstanden gleichwohl erst nach dem schweren Stadtbrand des Jahres 1350, der die bis dahin bestehenden Holzhäuser zerstört hatte. Wenngleich es auch vor dem Feuer von 1350 schon Backsteingebäude in Wismar gegeben hatte, beschloss man nach dieser tragischen Erfahrung, die großen Neubauten möglichst mit Backsteinen zu bauen. Da die Blütezeit Wismars mit der Hanse zusammenhing und die Stadt danach ihren Reichtum nicht mehr steigern konnten, wurde die mittelalterliche Stadtstruktur – abgesehen von späteren baulichen Überformungen vieler Häuser – gleichsam konserviert.

Die Lebenselixiere einer Hansestadt: Schiffe, Meer und Wind.

Der Hafen

Vom Meer aus zeigen der Kirchturm von St. Marien und St. Georgen, wo Wismar liegt. (St. Nikolai ist auf dem Foto verdeckt.) Kopien der ›Schwedenköpfe‹ begrenzen die Fahrrinne. Die Schwedenköpfe schmückten im Barock als Herkulesbüsten die Schiffe. Heute symbolisieren sie die Schwedenzeit.

Zur Hansezeit kamen sie per Schiff, oft mit voll beladenen Koggen. Die mittelalterlichen Kaufleute näherten sich Wismar über die Ostsee. Bis dahin hatten sie eine lange Reise hinter sich, hatten in fremden Häfen vor Anker gelegen und manches erlebt. Wirklich fremd werden sie sich an der Ostsee selten gefühlt haben, denn die Hansestädte hatten Vieles gemeinsam. Auch in Wismar sehen die Kaufleute als erstes am Horizont die drei großen Stadtkirchen auftauchen. Was sie vor Jahrhunderten erblickten, ist der heutigen Stadtsilhouette sehr ähnlich. Vom Schiff aus sieht man St. Nikolai (hier verdeckt), den Turm der Marienkirche und das breitgelagerte Volumen der turmlosen Georgenkirche, deren Dächer seit kurzem wieder geschlossen sind.

Heute kommen zwar die meisten Besucher Wismars mit dem Auto, dem Zug oder dem Fahrrad, aber damals wie heute zieht die frische Meeresbrise jeden zum Hafen. Kaum zehn Minuten zu Fuß vom Stadtzentrum entfernt, herrscht am Alten Hafenbecken, das seine Form seit Jahrhunderten bewahrt hat, zu jeder Tages- und Jahreszeit geselliges Leben. Hier kommen Touristen und Einheimische schnell ins Gespräch, Fischer verkaufen von ihren Kuttern frischen und geräucherten Fisch und wissen, ob sich das Wetter hält. Die hohen Speicher und Silos aus dem 19. und 20. Jahrhundert strahlen einen eigenen Charme aus und sollen nach und nach für neue Nutzungen erschlossen werden. Geplant ist eine ›Holzstadt‹ mit einem Gründerzentrum um das für

Wismar bedeutende Thema Holz, denn im Industriehafen liegt der größte Umschlagplatz für Baumstämme an der deutschen Ostseeküste. Auch eine Akademie, Wohnungen und touristische Einrichtungen sind geplant. Vom Alten Hafen starten im Zweistundenrhythmus Hafenrundfahrten, bei denen man den Neuen Hafen mit der großen, in den Farben des Himmels und des Meeres gestrichenen Werfthalle erleben kann. In der 125 Meter langen Halle können zwei Hochseeschiffe parallel gebaut werden.

Wie vergleichsweise klein – dafür aber auch für flaches Wasser geeignet – die mittelalterlichen Schiffe waren, zeigt der Nachbau der Poeler Kogge im Alten Hafen. Eigentlich heißt es ›der Koggen‹, denn in den mittelalterlichen Quellen wird die männliche Form benutzt (nach Hammel-Kiesow Kat. Die Hanse 2002, 28). Umgangssprachlich hat sich aber die weibliche Form verbreitet. Der Nachbau und die Erforschung der Poeler Kogge sind ein Gemeinschaftsprojekt von Bund, Land, Förderverein Poeler Kogge e.V., Archäologischem Landesmuseum Mecklenburg-Vorpommern, Arbeitsamt und der Deutschen Stiftung Denkmalschutz. Letztere beteiligte sich seit 1999 mit rund 250 000 Euro an der Bergung und Konservierung der originalen Wrackteile.

Der Fund des Schiffes ist eine Sensation. Er verdankt sich der Kenntnis von Fischern und heftigen Stürmen, die seit 1997 Wrackteile an den Strand der Insel Poel gespült hatten. Das unterspülte Wrack wäre unter Wasser nicht zu erhalten gewesen. Das Deutsche Archäologische Institut Berlin stellte fest, dass das Kiefernholz um 1314 in der Region um Torun/ Polen gefällt wurde. Die um 1354 gebaute Kogge hat eine Ladekapazität von 200 Tonnen. Das bisher größte Schiff der Zeit, die Bre-

mer Kogge von 1384, konnte hingegen kaum die Hälfte, nur 84 Tonnen, zuladen. Auf der Ostsee mit ihren flachen Boddengewässern, Flussmündungen und Sunden benötigte man ein breites Transportschiff mit geringem Tiefgang. Die Gesamtlänge der Poeler Kogge betrug 26 Meter, die Breite acht und der Tiefgang nur zwei Meter. Den Schiffsrumpf dichtete man durch in Pech getränkte Tierhaare und durch zusätzliche Innenplanken ab. Stabilität erhielt die Konstruktion durch mehr als 50 baumstarke Spanten, die mit Holznägeln mit dem Schiffskörper verbunden waren.

Die Erforschung der Wrackteile und die experimentelle Archäologie, die das Schiff rekonstruierte, ergänzen sich. Viele Besucher schauten den Bauarbeiten im Schiffsrumpf fasziniert zu. Der gesamte Schiffbau wurde durch ABM-Kräfte, Spenden und viel ehrenamtliches Engagement ermöglicht. Die Geschichte der Hansekaufleute wird so in Wismars Altem Hafen zum Greifen nahe.

Seit 2004 liegt die Poeler Kogge breit und behäbig im Alten Hafen neben Segelbooten und historischen Schiffen, die zu Hafenrundfahrten einladen. Im Rumpf der Kogge wird gearbeitet, sie soll 2005 fertig sein.

Die Stadtmauer dokumentiert die Eigenständigkeit gegenüber dem Fürsten.

Die Stadtbefestigung

Die Ampel vor dem Alten Wassertor regelt den Fußgängerverkehr zwischen Altem Hafen und Altstadt. Ein schließbares Portal braucht das Wassertor schon lange nicht mehr. Wie anders sah die Situation dagegen im Mittelalter aus, wo niemand so einfach vom Hafen durch das Tor geschlendert wäre. Die Kontrollen waren streng, denn die Stadt der Kaufleute fürchtete zu Recht Räuber und Angreifer von der Seeseite. Deshalb waren der Hafen und die Stadt durch die Stadtmauer voneinander getrennt (vgl. Stich S. 12). Die Tore wurden permanent bewacht.

Mehr noch, mögliche Feinde von der Seeseite konnten bereits vor der Einfahrt in den Hafen ferngehalten werden, indem man die Hafeneinfahrt nachts und bei Gefahr durch ein schwimmendes Langholz, den sogenannten ›Baum‹ absperrte. Nach diesem Schlagbaum ist das Baumhaus benannt, ein Barockbau auf quadratischem Grundriss aus der Mitte des 18. Jahrhunderts. Der Eingang wird von

Das bis 2004 auch mit Hilfe der Deutschen Stiftung Denkmalschutz sanierte Fachwerkhaus Runde Grube 4 entstand nach 1600 als Teil der zur Hafenseite orientierten Fortifikationsanlagen über dem Wasserlauf der Grube. Die beiden Brückenjoche konnten ursprünglich mit zwei Toren geschlossen werden, um das Wasser zu stauen.

Der heutige Verlauf der Straße Am Hafen folgt der damaligen Rundung der mittelalterlichen Stadtbefestigung. Die Straße hinter der (heute kleinen) Mauer heißt Am Lohberg und ist für ihre Cafés und Gaststätten bekannt.

Das spätgotische Wassertor (Bild linke Seite) inspirierte die Hafenbebauung.

zwei Schwedenköpfen flankiert. Das Baumhaus dient heute vor allem für Wechselausstellungen der Hochschule Wismar – University of Technology, Business and Design.

Von Wismars vier Meter hoher Stadtmauer, die nach 1276 gebaut wurde, ist nicht mehr viel erhalten. Ein teilweise rekonstruiertes Stück ist am südöstlichen Altstadtrand beim ehemaligen Dominikanerkloster zu sehen (Busjan Kat. Bauten 2002, 18). Der ehemalige Verlauf der Mauer ist an der Ringstraße ablesbar. Die Mauer wurde 1865 abgerissen, nachdem die Einwohnerzahl schnell gestiegen war und man die Stadt erweitern musste. Am Alten Hafen verweist das Wassertor mit einem Stück rekonstruierter Mauer (Bild oben links) auf die Geschichte des bürgerlichen Unabhängigkeitsstrebens gegenüber den Feudalherren im 13. Jahrhundert.

Die Mauer als Provokation

Die Zeit der Stadtwerdung Wismars in der zweiten Hälfte des 13. Jahrhunderts war von Zerreißproben zwischen den finanziell erfolgreichen und nach Unabhängigkeit strebenden Bürgern und ihrem fürstlichen Landesherrn geprägt. Dieser hatte die Stadtwerdung zunächst gefördert, um die Wirtschaftskraft seines Landes zu stärken. 1266 bestätigte der Fürst der Stadt das in den Ostseestädten übliche Lübische Recht, das in Wismar mindestens seit 1229 galt. Der Landesherr bekam sehr wohl mit, was in seinen Städten vor sich ging und schätzte die Unabhängigkeitsbestrebungen der Wismarer realistisch ein. Als Fürst Johann 1256 seine Residenz von der Mecklenburg, dem slawischen Machtzentrum, nach Wismar verlegte, rückte er den Bürgern gleichsam ›auf die Pelle‹. Als aber 1298 sein Nachfolger, Heinrich der Pilger, durch Kreuzzug und Gefangenschaft erst nach 25 Jahren zurück nach Mecklenburg kam, musste er feststellen, dass die Bürger sein trauriges Schicksal genutzt und seit 1276 eine Mauer um ihre Stadt gezogen hatten, die ausgerechnet seine Burg außen vorließ (Busjan Kat. Bauten 2002, 18/19). Damit hatten sie unmissverständlich ihre Absicht dokumentiert.

Von den fünf Stadttoren ist heute nur noch eines erhalten: Das Alte Wassertor am Alten Hafen (nach Giese 2004, 56/58). Dieses Tor ist allerdings nicht mehr das ursprüngliche, sondern wurde um 1450 an Stelle des Vorgängerbaus in spätgotischen Formen errichtet. Während das Tor stadtseitig einen typischen Stufengiebel aufweist, wurde der hafenseitige Dreiecksgiebel um 1600 erneuert. Beide Torseiten sind mit zwei Wappen und Maßwerkblenden geschmückt, die später die Gebäude der Neugotik inspirierten.

Der 100 mal 100 Meter große Marktplatz ist die Visitenkarte der Hansestadt.

Der Marktplatz

Das Herzstück einer mittelalterlichen Hansestadt bildet der Marktplatz, auf den die Fernhandelsstraßen zuführen. Mit 10 000 Quadratmetern Fläche gehört der rechteckige Wismarer Marktplatz zu den großen Plätzen Europas. Werktags ist er ein begehrter Parkplatz, weil die Haupteinkaufsstraßen verkehrsberuhigt sind. An drei Tagen nimmt der Wochenmarkt den meisten Platz ein und lockt Besucher und Wismarer zum Verweilen bei frischen Fischbrötchen.

Die Alte Wasserkunst

Ein künstlerischer Blickfang ist das prachtvolle, zwölfeckige Brunnenhaus, dessen geschwungene Kupferhaube von einer sechseckigen Laterne bekrönt wird: Die Alte Wasserkunst, zwischen 1580 und 1602 entstanden, ist ein Wahrzeichen Wismars. Sie wurde von dem Utrechter Baumeister Philipp Brandin in der Formensprache der niederländischen Renaissance geplant. Süßwasser ist auch an der Küste kostbar, und entsprechend aufwendig gestaltete Brandin das technische Meisterwerk. Vergoldete Sprüche in deutscher und lateinischer Sprache thematisieren die damalige Trinkwasserversorgung (Giese 2004, 70).

Auftraggeber war der Rat, auch wenn der Anstoß 1563 vom Fürsten gekommen war. Der Bierbrauer und Ratsherr Hinrich Schabbell hatte Brandin bereits 1569 mit seinem Wohn- und Brauhaus (S. 40 ff.) beauftragt, und nicht zufällig war es ein Bierbrauer, der den Brunnen förderte. Denn die Holzrohre leiten das Wasser unterirdisch von den vier Kilometer entfernten Metelsdorfer Quellen in die Was-

Der rechteckige Marktplatz mit der Alten Wasserkunst, mit Marktständen und Autos wird von Häusern aus unterschiedlichen Jahrhunderten eingefasst.

Wasserspeier in der Gestalt von Drachen scheinen das wertvolle Gut zu verteidigen, das die Wasserkunst nach oben fördert, das Trinkwasser. Das Wahrzeichen Wismars konnte dank einer Großspende über die Deutsche Stiftung Denkmalschutz restauriert werden. Unter anderem wurden 1997 die Brunnenfiguren Nix und Nixe rekonstruiert und eine Springbrunnenanlage installiert. Die Originalfiguren werden seitdem im Museum aufbewahrt.

serkunst, um vom Marktplatz aus etwa 200 Häuser – vor allem Brauhäuser – und 16 öffentliche Wasserstellen der Stadt zu speisen. Die Herstellung und der Export von Bier bis nach Skandinavien, Flandern und Holland, teilweise sogar bis England und Portugal, bedeutete neben dem Handel das zweite Standbein der Bürger. Voraussetzung dafür waren Getreideüberschüsse. Ende des 15. Jahrhunderts gab es rund 180 Brauereien in der Stadt, die für den Export produzierten (Busjan Kat. Bauten 2002, 20). Andere Kommunen, wie etwa Lübeck, verhängten sogar Einfuhrverbote für das Wismarer Bier, weil sie um ihr eigenes Geschäft fürchteten (Giese 2004, 62).

Nicht immer ging es auf dem Marktplatz so gelassen zu wie heute. Als größter öffentlicher Platz war der Markt jener Ort, an dem sich die städtische Justiz zeigte. Dort wurden Menschen an den Pranger gestellt oder öffentlich hingerichtet. Auch die so genannten ›Bürgersprachen‹, die Verordnungen des Stadtrates, wurden hier verlesen. Der Rat und die mecklenburger Fürsten und Herzöge nutzten den Platz außerdem für Ritterturniere und prunkvolle Fürstenversammlungen. Zimperlich wird es bei den Turnieren mit Sicherheit nicht zugegangen sein. Die Quellen berichten, dass im Eifer des Gefechtes nicht nur Kulissen verwüstet wurden, sondern auch mancher Edelmann, wie etwa Herzog Heinrich III., sein Leben ließ (nach Giese 2004, 58/59).

Auch die Bürger zogen auf den Marktplatz, um öffentlich zu demonstrieren. Eine Gedenktafel im Pflaster erinnert an den Handwerkeraufstand des Jahres 1427, als die zornigen Bürger einen Bürgermeister und einen Ratsherrn sogar enthaupteten.

Im Gewölbekeller des Wismarer Rathauses werden derzeit noch die barocken Holzskulpturen vom Grabmal des Generals Helmuth Wrangel und seiner Frau Magdalena von Buchwald aufbewahrt. Die Grabkapelle befand sich ursprünglich in St. Marien und wurde nach der Kirchenzerstörung bis 1996 in St. Nikolai aufgestellt.

Der gotische Stufengiebel bekrönt das um 1380 errichtete Kaufmannshaus ›Alter Schwede‹, in dem 1878 nach umfangreicher Restaurierung das bekannte Restaurant eröffnet wurde. Im Mittelalter war die repräsentative Diele im Erdgeschoss dem Geschäft vorbehalten, während sich dahinter die Wohnräume erstreckten und darüber die Waren auf Speicherböden gestapelt wurden.

Unten: Das Rathaus.

Jedes Jahr im August verwandelt sich der Marktplatz in eine Freilichtbühne. Das Schwedenfest zieht viele Urlauber an und erinnert auf fröhliche Weise an jene 255 Jahre, in denen Wismar zu Schweden gehörte. Man sollte meinen, der Name der Gaststätte ›Alter Schwede‹ am Markt beziehe sich auf die Schwedenzeit. In Wirklichkeit steht eine sehr persönliche Geschichte hinter der Namensgebung. Der Wirt, der 1878 in dem Giebelhaus aus dem 14. Jahrhundert seine Gaststätte eröffnete, benannte sie nach seinem Schmuggler-Freund, der auf See geblieben war. Erst als der Schwiegersohn des Wirts 1903 das Haus übernahm, besorgte er sich historisierende Dekorationsstücke aus Schweden.

Das auffallend große klassizistische Rathaus schließt den von Bürgerhäusern gesäumten Marktplatz nach Norden ab. Während in Lübeck und Stralsund – dank der Denkmalpfleger des 19. Jahrhunderts – die gotischen Backstein-Rathäuser restauriert wurden, stürzte das baufällige Wismarer Rathaus 1807 nach einer langen Zeit mangelnder Baupflege ein und blieb, teilweise noch genutzt, zehn Jahre in Trümmern liegen. Unter der Leitung des Ludwigsluster Baumeisters Johann Georg Barca wurde das alte Rathaus 1817/19 in klassizistischem Stil neu errichtet.

Erhalten blieb das gotische Kellergewölbe. Dort ist die Dauerausstellung ›Wismar – Bilder einer Stadt‹ zu sehen. Zu den besonderen Leihgaben gehören die beiden überlebensgroßen Holzfiguren von der barocken Wrangel'schen Grabkapelle (Foto S. 28) aus St. Marien. Der im Jahr 1600 in Mecklenburg gebo-

Die ehemalige Hauptwache wurde 1858 nach dem Vorbild italienischer Verwaltungsgebäude des 15. und 16. Jahrhunderts, vermutlich nach Entwürfen des Wismarer Architekten Helmut Brunswig, errichtet. Im Erdgeschoss befindet sich die Tourismuszentrale Wismar.

rene schwedische General Helmuth Wrangel stammte aus einer baltischen Adelsfamilie, die bereits im 13. Jahrhundert erwähnt wird. Die Familie, die nach Schweden, Russland, Preußen und Holland verzweigt war, erlangte zwischen dem 17. und 19. Jahrhundert in Schweden, Russland und Preußen die Erhebung in den Fürstenstand, in Schweden zudem in den Grafenstand. Vier Wochen nach seinem Tod bei Plau wurde Helmuth Wrangels Leichnam 1647 nach Wismar gebracht, um in der Marienkirche beigesetzt zu werden.

Die beiden barocken Holzfiguren des Generals und seiner zweiten Frau Magdalena von Buchwald entstanden wahrscheinlich in der Werkstatt des Wismarer Bildschnitzers Christian Möller. Die männliche Figur trägt die typische zeitgenössische Kleidung zu Zeiten des Dreißigjährigen Krieges: Dazu gehören ein leicht wattiertes Wams mit Schößen, ein Harnisch, lederne Arm- und Beinpanzerungen sowie die auffälligen Stulpenstiefel. Die einst schwarze Kleidung der weiblichen Figur strahlt schlichte Eleganz aus. Unter dem langen Oberkleid mit mehreren Unterröcken trugen adelige Frauen ein Hemd mit bauschig weiten Ärmeln. Das lange Haar fiel locker auf einen großen glatten Umlegekragen herab.

Nördlich des Marktplatzes verläuft in Ost-West-Richtung die Lübsche Straße, die seit Jahrhunderten als Transitweg Wismar mit Lübeck im Westen und Rostock im Osten verbindet. Die Lübsche Straße kreuzt die Krämerstraße, die wie diese von Giebelhäusern aus dem 15. bis 20. Jahrhundert gesäumt wird und deren Name auf die lange Tradition als Geschäftsstraße verweist.

Vom Kaufmann zum Kaufhaus

An der markanten Kreuzung von Krämer- und Lübscher Straße steht nicht zufällig das viergeschossige Stammhaus der Karstadt AG. Hier begründete Rudolph Karstadt 1881 mit 1000 Talern Startkapital und einem Angestellten sein späteres Kaufhausimperium als ›Tuch-, Manufaktur- und Confectionsgeschäft‹. Sein Erfolgsrezept: Niedrige, feste Preise – und Barzahlung. Architektonisch war Karstadt gleichermaßen innovativ: Mit der Fassade im strengen Jugendstil entschied er sich 1906 für die moderne Formensprache europäischer Großstädte, ohne den kleinteiligen Rhythmus der Giebelhäuser zu beeinträchtigen. Das Kaufhaus wird von einem Stahlbetonskelett getragen, einer Technik, die damals in Mecklenburg neu war. Zu dieser Zeit betrieb Karstadt in Norddeutschland bereits 24 Kaufhäuser. Mit der Geschäftsstrategie der Kaufhäuser reagierte die hansische Kaufmannstradition gleichsam auf das neue Konsumverhalten, das heute, im frühen 21. Jahrhundert, abermals im Umbruch ist.

An der Kreuzung Krämerstraße / Lübsche Straße befindet sich das Stammhaus der Karstadt-Kaufhäuser, das 1881 hier von Rudolph Karstadt gegründet wurde.

An der gleichen Straßenecke gegenüber steht die Alte Ratsapotheke, im Hintergrund ist das Rathaus zu sehen.

Wismars Giebelhäuser wirken wie ein dreidimensionales Geschichtsbuch.

Häuser und Fassaden

Der denkmalpflegerische Nachholbedarf ist in Wismar nicht zu übersehen. Dennoch darf man nicht vergessen, wie groß die Schäden nicht nur durch den Zweiten Weltkrieg, sondern auch in den Jahrzehnten davor und danach waren. In den vergangenen rund 15 Jahren ist in Wismar so viel saniert und restauriert worden wie es wohl zu keiner Zeit zuvor geschehen ist. Damit hat man erst einmal viele Gebäude auf Jahre hinaus sichern können.

Farbenprächtige Giebelhäuser aus den vergangenen Jahrhunderten säumen die Straßen in Wismar. Dies ist nicht selbstverständlich, sondern das Ergebnis jahrzehntelanger Arbeit vieler Privatleute, Denkmalpfleger, von Stadt, Land, Bund, Kirche und verschiedenen Stiftungen wie der Deutschen Stiftung Denkmalschutz, die in Wismar einen ihrer Förderschwerpunkte sieht. Seit 2004 werden außerdem an der Hochschule Wismar im Masterstudiengang ›Pflege des Bauerbes‹ künftige Denkmalpfleger ausgebildet.

Das ›gotische Viertel‹, das Stadtviertel um St. Georgen und St. Marien, ist seit 1945 überwiegend eine Freifläche. Doch bereits die Literatur des ausgehenden 19. Jahrhunderts beklagte die Zerstörung alter Bausubstanz durch Neubauten. Ganz zu schweigen von den Verlusten im Dreißigjährigen Krieg und mehreren Stadtbränden im Mittelalter.

Das trotz all dieser Verluste noch großartige Stadtbild von Wismars Altstadt scheint umso erstaunlicher, wenn man bedenkt, dass in der ›mächtigen Hansestadt‹ nicht mehr Menschen lebten als heute in einem mittleren Dorf. Bei geschätzten etwa 5000 Einwohnern im frühen 13. Jahrhundert fragt man sich, wie diese sich zutrauen konnten, drei große Stadtkirchen und die Stadtmauer zu finanzieren. Die Quellen sprechen überdies davon, dass bis 1350 in Wismar 2000 Menschen an der Pest gestorben seien. Auch wenn diese Zahl übertrieben sein mag, bleibt die Frage offen, wie das städtische Gemeinwesen nach der Pest und nach den Stadtbränden überhaupt noch weiter funktionieren konnte. Für das 15. Jahrhundert sind Zahlen von etwa 8000 Einwohnern überliefert, und mehr wurden es bis ins 19. Jahrhundert hinein kaum.

Nach einem verheerenden Stadtbrand im Jahr 1350 forderten die Ratsherren den Wiederaufbau der Häuser in Backstein. Deshalb sind die ältesten, heute erhaltenen Häuser Wismars frühestens im späten 14. Jahrhundert entstanden. Eines der wenigen Beispiele für ein Giebelhaus aus der Zeit um 1380 ist ›der Alte Schwede‹ am Markt. Das Archidiakonat, das bis 1960 in veränderten Formen wieder aufgebaut wurde, geht auf die Zeit um 1450 zurück. Es gehörte bis 1945 zu einem Gebäude-Ensemble am St. Marien-Kirchhof mit mehreren gotischen Prachtbauten wie der Alten Schule und der Kapelle Maria zur Weiden.

Wismar verdankt seine Gründung der vielbefahrenen Küstenstraße zwischen Lübeck und Rostock, die lange vor der Stadt 1229 bestand und bereits der Grund für eine frühe slawische Besiedlung war. Innerstädtisch teilt diese Fernverbindung die Stadt als ›Lübsche Straße‹, setzt sich als Rostocker Straße bzw. B 105 fort, und führt dicht am Markt vorbei. Bis heute ist die Lübsche Straße mit ihren Nebenstraßen, wie die Krämerstraße, eine der repräsentativen Zeilen. Hier in Marktnähe waren die Grundstücke begehrt, teuer und den reichen Kaufleuten vorbehalten. Die typischen hansischen Häuser dienten als Verkaufs-, Lager- und Wohnhaus zugleich. Ihr Herzstück bildet in allen Hansestädten die große Diele (vgl. Museumshaus Stralsund S. 96).

Seit dem 16. Jahrhundert verlor Wismar seine überregionale Bedeutung. Deshalb sind im Stile der Renaissance nur wenige stattliche Gebäude wie das Schabbellhaus (S. 40), das Neue Haus des Fürstenhofs (S. 44) und die Wasserkunst auf dem Markt (S. 26) entstanden. Wer das Geld hatte, erweiterte sein altes Giebelhaus und baute ihm eine neue Renaissance- oder später eine Barockfassade vor. Bis ins 19. Jahrhundert waren viele alte Gebäude einschließlich des Rathauses baufällig geworden, so dass sie durch Neubauten ersetzt wurden.

Das denkmalgeschützte Giebelhaus Am Poeler Tor 1 an der Ecke Hundestraße ist eines der wenigen in Wismar erhaltenen Bauten-Ensembles aus Vorderhaus, Kemladen und weiteren Nebengebäuden. Es wurde bis 2000 in mehrjähriger enger Zusammenarbeit zwischen dem Eigentümer, dem Sanierungsträger BauGrund und dem Amt für Denkmalpflege der Stadt Wismar untersucht, restauriert und saniert. Weil sich die Bewohner in ihren Ansprüchen auf die wertvollen Einbauten aus den Jahrhunderten seit der Gotik einstellten, konnte hier eine mustergültige Rettung eines gefährdeten Hauses durchgeführt werden.

Giebelhäuser in Wismar: Häuser in der Bohrstraße 13 (oben) und Bohrstraße 12 (darunter).

Die Autorin dankt an dieser Stelle der Stadt Wismar, insbesondere der Abteilung für Denkmalpflege, für fachliche Unterstützung.

Dankwartstraße 7 (oben links), darunter Bademutterstraße 2, die ›Löwenapotheke‹.

Kleine Bilder von oben nach unten: Scheuerstraße 17, Bohrstraße 15 und 13, Scheuerstraße 11, Hinter dem Rathaus 9, 7 und 3.

Haus Kleine Hohe Straße 15 an der Straßenecke Am Lohberg, ursprünglich entstanden als Brauhaus in der ersten Hälfte des 15. Jahrhunderts. Um 1700 wurde es umgebaut und einige Jahre von den Schweden als Provianthaus genutzt. Die Gefache sind in aufwendigen Musteranordnungen aus Backsteinen gemauert.

Das ursprünglich gotische Haus Lübsche Straße 29 neben der Heiligen-Geist-Kirche wurde im frühen 20. Jahrhundert stark überformt und historisierend saniert.

Das spätgotische Archidiakonat (um 1450) am St. Marien-Kirchhof war bereits 1885 umfassend restauriert und dabei historisierend interpretiert worden; nach schwerer Kriegsbeschädigung wurde es bis 1960 abermals mit großen finanziellen Anstrengungen und nach bestem Wissen wieder aufgebaut. Dabei verlegte man den Eingang und das Treppenhaus an die Giebelseite und zog innen Massivdecken und neue Trennwände ein. Geblieben, aber umgestaltet, ist die Form des prachtvollen gotischen Stufengiebels an der Nordseite.

Ein Meisterwerk des Expressionismus in Backstein.

Die Feuerwehr

Wer in Wismar die vielen schmucken Giebelhäuser zu sehen gewohnt ist, wird in der ruhigen Straße an der Frischen Grube überrascht sein. Zwischen Wohnhäusern erhebt sich hier unvermittelt ein bis ins Detail plastisch durchgeformtes expressionistisches Backsteingebäude, die Feuerwehr. Die geschossübergreifenden Pilaster sind durch Spitzen, wie bei einem Schiffsbug, betont. Alle Baudetails unterliegen einem Gesamtprogramm. Zur Geschlossenheit des Gesamteindrucks trägt ganz wesentlich bei, dass die aufwendigen Holzfenster, die rot-weißen Türen und die in Mustern vermauerten Backsteine noch original erhalten sind – ein Glücksfall.

Was heute überrascht, wirkte zur Bauzeit 1924–1928 in der traditionsbewussten Hansestadt umso gewagter. Aber der Stadtbaurat Arthur Eulert verstand es, die lokale Bautradition mit großstädtischer Moderne zu verbinden. Seine Feuerwehrfassade setzt die Kenntnis expressionistischer Großbauten wie das Chile-Haus in Hamburg voraus. Bedenkt man, dass hinter den vier großen Toren damals je zwei Pferdefahrzeuge standen, wirkt die äußerst moderne Fassade noch erstaunlicher. Heute stehen in dem denkmalgeschützten städtischen Gebäude acht Feuerwehreinsatzfahrzeuge verschiedener Kategorien. Die alten Tore sind dafür zu klein. Deshalb fahren die modernen Fahrzeuge nach hinten über den Hof hinaus, wo Anbauten mit weiteren Fahrzeugen das historische Gebäude erweitern, ohne seine städtebauliche Wirkung an der Frischen Grube zu beeinträchtigen.

Bei der kleinen Berufsfeuerwache der Hansestadt Wismar arbeiten 65 Leute, die in drei Schichten nicht nur ihren Feuerwehrdienst tun, sondern auch für die Rettungsfahrten zuständig sind. Die Wismarer Wache brauchte übrigens nie eine Rutschstange, weil die Aufenthaltsräume über der Fahrzeughalle liegen und von dort direkt ein Treppenhaus hinunter führt.

Der 22 Meter hohe Schlauchturm ist von der Grube aus nicht sichtbar. Er diente zur Aufbewahrung der Schläuche, die dort nach dem Waschen zum Trocknen aufgehängt wurden. Heute übernehmen Maschinen diese Arbeit. Aber an Tagen wie dem Tag des Offenen Denkmals an jedem zweiten Septemberwochenende haben Besucher vom Schlauchturm einen großartigen Blick über die Hansestadt mit dem Hafen.

An der Frischen Grube 13 steht das expressionistische Backsteingebäude der Wismarer Berufsfeuerwehr. An gleicher Stelle befand sich vormals das Wohnhaus des Baumeisters Philipp Brandin (vgl. S. 26).

Mit einer raffinierten und aufwendigen Mauertechnik ist die Backsteinfassade der Feuerwache skulptural durchmodelliert. Die maßgefertigten hölzernen Fenster und Türen sind Bestandteil des architektonischen Konzepts.

Das Schabbellhaus entstand im Stil der niederländischen Renaissance.

Das Schabbellhaus

Mit dem Bier kam das Geld. Und das in den wirtschaftlich schwierigen Jahrzehnten nach der Reformation, die das soziale Gefüge in Wismar seit 1523/24 auf den Kopf stellte. Dass es einige Jahre später noch schlimmer kommen sollte und der Dreißigjährige Krieg auch Wismar erschütterte, konnte man damals nicht ahnen. Aber mancher spürte im 16. Jahrhundert, dass die fetten Jahre der Hanse vorbei waren. Stadtinterne Machtkämpfe zwischen Bürgern und Rat hatten sich längst auch im schlechten Zustand der Häuser niedergeschlagen (Giese 2004, 64). Doch auch in schwierigen Zeiten gibt es Gewinner.

Zu diesen zählte der Bierbrauer Hinrich Schabbell. Sein prachtvolles Wohn- und Geschäftshaus gehört zu den wenigen in diesen Jahrzehnten errichteten aufwendigen Neubauten. Es steht an der Frischen Grube, gleich neben St. Nikolai. In Schabbells Haus ist seit 1979 das Stadtgeschichtliche Museum Wismar eingerichtet.

Kaufleute, die vom Poeler Tor aus in die Stadt kamen, gingen an Schabbells Brauhaus vorbei, denn vor seinem Haus verbindet die Schweinsbrücke die Stadtteile über die Frische Grube hinweg. Von der Brücke präsentiert sich Schabbells repräsentativer Baukomplex im Stile der niederländischen Renaissance in seinem ganzen mächtigen Volumen (Giese 2004, 68; Hoppe 1991).

Ein holländischer Baumeister

Als erfolgreicher Bierbrauer und Ratsherr (seit 1565) sollte es Schabbell später bis zum Bürgermeister bringen. Er wollte als Wohn- und

Das Schabbellhaus wurde im Laufe der Jahrhunderte oft umgenutzt. Die für die niederländische Renaissance so typische Kombination von Backstein und Haustein konnte bei der jüngsten Sanierung bis 1997 behutsam bewahrt werden.

Die Grube ist einer der ältesten künstlichen Wasserläufe, die durch eine Stadt führen. Über den Mühlenteich, den Wallensteingraben und den Lostener See verbindet sie den Schweriner See mit der Ostsee. Vier humorvoll gestaltete, zeitgenössische Bronzeschweine schmücken die Schweinsbrücke.

Brauhaus etwas Besonderes, eben mehr als ein traditionelles hansisches Backsteinhaus. Es sollte natürlich Traditionsverbundenheit ausstrahlen und ein Schmückstück an der Straßenkreuzung bilden, aber der neuesten Mode entsprechen und weltmännisches Flair ausstrahlen. Dafür schloss Schabbell 1569 mit dem niederländischen Steinmetzmeister und Baumeister Philipp Brandin einen Vertrag ab. Brandin war um 1530/35 in Utrecht geboren und ein Schüler von Cornelis Floris. Spätestens seit 1567 wohnte er in Wismar, wo er durch die Heirat mit Anna Giese das Bürgerrecht erwarb und eine große Werkstatt aufbaute (Hoppe 1991). Rund zehn Jahre nach dem Schabbell'schen Brauhaus sollte Brandin den Wismarer Marktplatz mit der Wasserkunst schmücken (S. 26/27).

Das Schabbellhaus mit der in den Niederlanden so typischen Mischung von Backsteinen mit Sandstein gehört zu den frühesten datierbaren Renaissancebauten im Ostseeraum. Wismarer Backsteine schienen für die feingegliederte Fassade zu grob, Brandin wollte schmale Fugen und kleine Module. Deshalb verwendete er die kleinformatigen niederländischen Backsteine, die sogenannten Riemchen. 1571 war das Schabbellhaus bezugsfertig. Es besteht aus zwei rechtwinklig zueinander angeordneten zweigeschossigen Traufgebäuden. Die repräsentative Schauseite ist mit ihrem reich geschmückten Volutengiebel nach Norden, Richtung Schweinsbrücke und Insel Poel ausgerichtet.

Getreide und Bier

Die Sammlung des Museums ist weit umfangreicher als die Exponate. Aus Mangel an Ausstellungsräumen können nicht alle Schmuckstücke gezeigt werden. Deshalb konzentriert sich die Darstellung auf Facetten der Wismarer Kulturgeschichte, während die Stadtgeschichte im Rathauskeller dargestellt wird.

Der Mecklenburger Boden eignet sich hervorragend für den Getreideanbau. Nicht umsonst wurde das fruchtbare Land an der südlichen Ostseeküste jahrhundertelang als ›Kornkammer‹ bezeichnet. Die Ernten waren so reich, dass die Wismarer Getreide in großen Mengen exportierten. Daneben lebten sie bis

Ende des 14. Jahrhunderts vom Handel mit Lüneburger Salz. Als Lübeck ihnen das Salzgeschäft abschnitt, mussten die Wismarer aus der Not eine Tugend machen. Sie veredelten ihre Getreideüberschüsse und brauten daraus Bier. Wegen seiner hohen Qualität wurde es bald überregional als Luxusartikel gehandelt und machte die Stadt reich (Hoppe 1991, 19).

Der am 24. Mai 1370 geschlossene Vertrag, der als Stralsunder Frieden in die Geschichte der Hanse einging, beendete den Krieg gegen Dänemark. Dieser Sieg der Hansestädte über Dänemark markiert rückblickend die Phase der größten Machtentfaltung der Hanse. Dänemark musste den Hansestädten umfangreiche Zugeständnisse einräumen und verschiedene Handelsprivilegien garantieren. Durch diesen Vertrag erwarben sich die Hansestädte zugleich den Respekt der Fürsten (Giese 2004, 60). Wismar, die schöne und mächtige, zweitgrößte Stadt im Hansebund teilte schließlich das Schicksal mit den früheren Konkurrenzstädten und verlor im Laufe des 16. Jahrhunderts ihre wirtschaftliche Vormachtstellung. Die mecklenburgischen Fürsten hingegen konnten ihre Position gegenüber den Städten wieder stabilisieren.

Wismar wird 1648 schwedisch

Mit dem Dreißigjährigen Krieg (1618–1648) verlor Wismar seine im 14. Jahrhundert mühsam erstrittene selbstverwaltete Stadtregierung. Die hansische Glanzzeit war vorbei, als Albrecht von Wallenstein 1627 die Stadt besetzte

Mit hölzernen ›Schwedenköpfen‹ wurde erstmals um 1800 die Fahrrinne in der Wismarbucht markiert. Im Schabbellhaus werden die beiden einzigen erhaltenen Originale gezeigt. Das Werftmodell der Brigg ›Heinrich der Pilger‹ entstand um 1848 (Privatleihgabe).

Die Bilder auf S. 43 vermitteln einen Eindruck von der Vielgestaltigkeit der Exponate im Museum.

und zur Festung ausbauen wollte. Schweden griff 1630 in den Krieg ein, die protestantischen Truppen von König Gustav II. Adolf landeten auf der Insel Usedom und besetzten die Ostseeregion im heutigen Mecklenburg-Vorpommern. Damals bestand Pommern aus mehreren Teilen, deren wichtigste die Herzogtümer Vorpommern und Hinterpommern waren. Vorpommern gehörte zum Herzogtum Pommern-Wolgast, Hinterpommern zum Herzogtum Pommern-Stettin und entspricht dem Teil östlich der Oder, der seit 1945 zu Polen gehört. Nachdem 1637 der letzte (gesamt-) pommersche Herzog Bogislav XIV. gestorben war, wurde Pommern im Westfälischen Frieden 1648 aufgeteilt: Hinterpommern wurde Brandenburg zugeschlagen, während Schweden Vorpommern mit Stettin und Rügen, das Mündungsgebiet der Oder und einen Streifen östlich der Oder erhielt. Seit Wismar ab 1648 zu Schweden gehörte, wurde es in alle Nachfolgekämpfe um die Vorherrschaft über die Ostsee mit hineingezogen.

Schwedisch sollte die Stadt – bis auf die fünfjährige dänische Besetzung zwischen 1675 und 1680 – für 255 Jahre bleiben. Nach dem Abzug der Dänen mussten die Wismarer 1680 auf Geheiß der schwedischen Regierung die Befestigungsanlagen mit großen Kosten ausbauen. Bald darauf schwächte der Nordische Krieg die Bürger abermals. Ein Großteil der spätgotischen Bausubstanz wurde durch Beschuss zerstört, und bis 1718 mussten sämtliche Festungsanlagen mit großem Aufwand gesprengt werden. Für das Schwedische Königreich verlor die unbefestigte Stadt nun ihre Bedeutung, denn als südlicher Stützpunkt an der Ostsee war nur eine wehrhafte Seefestung interessant. Die gebeutelte Stadt wurde im Siebenjährigen Krieg abermals ausgelaugt, diesmal von den Preußen.

Die Stadt war nach den jahrzehntelangen Kriegen finanziell am Ende, und die Schwedische Krone brauchte Geld: Sie verpfändete die Stadt daher 1803 für 1 250 000 Taler auf hundert Jahre an die Herzöge von Mecklenburg-Schwerin. Beide Seiten sahen keinen wirklichen Grund darin, das Pfand auszulösen, und so blieb die Stadt Wismar bis 1903 schwedisch. Steuern und Zollschranken behinderten in diesem Zwischenstatus jeglichen Aufschwung der Stadt, die längst zwischen europäischen Machtinteressen aufgerieben worden war.

Der Fürstenhof – fürstliche Residenz und Hochzeitssaal in einer Hansestadt.

Der Fürstenhof

Figürliche und ornamentale Terracottareliefs gliedern die Fassaden des Fürstenhofs, der stark von der Sanierung des 19. Jahrhunderts geprägt ist.

Auf dem kurzen Weg zwischen der Baustelle der Georgenkirche und dem Turm der ehemaligen Marienkirche überrascht eine jüngst aufwendig sanierte, weiß verputzte Fassade mit Terracottareliefs und einer prachtvollen Tordurchfahrt aus Kalkstein: der Fürstenhof. Dieses stattliche Gebäude hat so gar nichts mit Backsteingotik zu tun, auch wenn hier der gebrannte Ton vorherrscht. Der zur Straße gelegene Gebäudetrakt entstand 1553/55 als ›Neues Haus‹ in einer Formmischung aus italienischer und niederländischer Renaissance mit traditioneller Bautechnik aus Backstein. Dieser Nordflügel wurde rechtwinklig an das seit 1512/13 neben dem Chor der Georgenkirche stehende ›Alte Haus‹ angebaut, das weitgehend der spätgotischen Formensprache verpflichtet ist.

Die mecklenburgischen Herzöge residierten zwar in Schwerin, aber nach Wismar kamen sie immer dann, wenn sie für repräsentative Anlässe mit vielen Gästen eine ›funktionierende Stadt‹ brauchten. So entstand das Neue Haus aus Anlass der Hochzeit des Herzogs Johann Albrecht I. von Mecklenburg mit der preußischen Prinzessin Anna Sophia im Jahr 1555. Dem Herzog schwebte ein mit plastischem Werkstein- und Terracottaschmuck verziertes Gebäude vor. Offenbar hatten er oder seine Baumeister dabei oberitalienische Palazzi und niederländische Gebäude im Sinn.

Die drei Geschosse des Fürstenhofs werden durch figürliche Friese voneinander geschieden. Die Werksteinfriese schildern auf der Straßenseite Ereignisse des Trojanischen Krieges und auf der Hofseite Szenen aus dem biblischen Gleichnis vom verlorenen Sohn. Der obere Terracottafries zeigt Porträtmedaillons (Giese 2004, 68/69).

Hundert Jahre später änderte sich die Nutzung des Fürstenhofs als repräsentativer Festsaal: Nachdem die Stadt Wismar 1648 an das Königreich Schweden abgetreten wurde, richtete man im Fürstenhof das höchste schwedische Gericht für die schwedischen Besitzungen in Norddeutschland ein, das so genannte Tribunal. Heutzutage sind im Fürstenhof die Räume des Amtsgerichts untergebracht.

Der dreigeschossige Nordflügel des Fürstenhofs mit Portal.

Der Himmel schließt sich wieder über der Kirchenruine.

St. Georgen

Welcher von der Ostsee nach Hause kommende Urlauber kennt sie nicht, die aufgeregte Frage: »Und – wie weit ist Georgen inzwischen?« Die Wismarer Georgenkirche ist zu einem Symbol geworden, das jedes Jahr viele tausend Menschen anzieht.

Das bundesweite Interesse spiegelt wider, wie sich ihre symbolische Bedeutung in den Jahren seit Öffnung der deutsch-deutschen Grenze am 9. November 1989 gewandelt hat. Bis dahin galt die große Kirchenruine vielen als Symbol für die Zerstörungen im Zweiten Weltkrieg, der von Deutschland ausgehend unbeschreibliches Leid über ganz Europa gebracht hatte. In der Nachkriegszeit galt die Ruine vielen Wismarern als Symbol für die Kulturpolitik der DDR, die zwar die Kirche nicht sprengte, wie die benachbarte Marienkirche, die sie aber auch nicht zu sichern erlaubte, so dass sie eine Gefahr für die Anwohner darstellte – abgesehen von der Trostlosigkeit, die eine baumbewachsene Ruine zwischen baufälligen Altstadthäusern ausstrahlt.

Die erste Zeit nach dem Zweiten Weltkrieg war noch von der Hoffnung getragen, beide Kirchen wieder aufzubauen. Man begann bald mit Notsicherungen an der Marien- wie an der Georgenkirche. Bis 1957 war es gelungen, auf Georgen einen Dachstuhl zu errichten, aber mangels Baumaterial und Geld wurde er nie gedeckt. In den 1960er Jahren waren der ständige Materialmangel und die Wohnungsnot erdrückend. Schließlich musste im Oktober 1977 das baufällig gewordene, 1958 aufgestellte und nie genutzte Gerüst aus Sicherheitsgründen zum Einsturz gebracht werden. Ende 1977 brach bei einem Sturm auch der 20 Jahre alte offene Dachstuhl zusammen.

Die Georgenkirche wird seit 1990 wieder aufgebaut. Die Strebepfeiler und neuen Dächer zeigen von Weitem den Baufortschritt von Ost nach West.

Die Ruine der Georgenkirche prägte fast ein halbes Jahrhundert eines der ältesten Viertel von Wismar, das 1945 zerstört wurde und bis dahin ›gotisches Viertel‹ genannt wurde. Bis zum Jahr 2010 wird St. Georgen systematisch wieder aufgebaut. Gleichzeitig wird darüber diskutiert, wie man städtebaulich mit den Freiflächen des einst dicht bebauten gotischen Viertels umgehen soll.

Das Modell veranschaulicht, wie ein gotisches Kreuzrippengewölbe gemauert wird.

Die nördliche und die südliche Fassade der hohen Querschiffe werden von achteckigen Treppentürmchen mit spitzen Helmen flankiert. Der gesamte Bauschmuck ist auf Fernwirkung angelegt. Die Giebel wurden mit Blendrosetten und Lanzetten geschmückt, und die Portale verzieren glasierte Formsteine in Gestalt von Löwen, Drachen und Fratzen. Typisch für diese spätgotische Kirche sind der Wechsel von roten und schwarz glasierten Backsteinen und die glasierten Formsteine.

Die Raumwirkung der Georgenkirche wird durch die hohen Querschiffe und das hohe, aber schmale Mittelschiff bestimmt. Im Vergleich dazu wurden die Seitenschiffe recht breit ausgeführt.

Bis vor wenigen Jahren stand man im Mittelschiff auf einer wilden Wiese und schaute in den Himmel. Inzwischen tragen die mächtigen achteckigen Pfeiler wieder die Gewölbe der kreuzförmigen, dreischiffigen Basilika.

Offiziell sprach man nun von der ›Ruine als begehbarem Mahnmal‹. Aber war das noch ein glaubwürdiges Mahnmal gegen den Krieg? Oder hatte sich die Symbolik längst gewandelt – zum Mahnmal gegen die Politik?

Die Baugeschichte

St. Georgen, die Pfarrkirche von Wismars um 1250 entstandener ›Neustadt‹, hat eine komplizierte Baugeschichte, die sich über zwei Jahrhunderte hinzieht. Sie begann in der Blütezeit der Hanse, als die Wismarer viel Geld hatten und ehrgeizige Pläne verfolgten, und sie endete mit dem wirtschaftlichen Niedergang der Hanse im 16. Jahrhundert. Die ursprünglichen Planungen wurden nie vollständig ausgeführt.

St. Georgen zählte zunächst zu den frühen Nachfolgeprojekten der Lübecker Marienkirche. Der Chor wurde seit 1290, etwa zeitgleich mit der Doberaner Klosterkirche, der Stralsunder Nikolai- und der Rostocker Marienkirche errichtet. Die größten Unterschiede zum Lübecker Vorbild bestehen darin, dass man in St. Georgen einen flachen Chorabschluss statt eines dem französischen Kathedralschema folgenden Umgangschores mit einem Ka-

Eine alte Ansicht der Ruine von Norden, bei der der Nordgiebel noch steht. Die gotische Kapelle im Winkel von Chor und nördlichem Querschiff gehört zu den ältesten Bauteilen.

pellenkranz baute und außerdem eine mächtige Querschiffanlage errichtete. Ein ›Querschiff‹ hat dieselbe Deckenhöhe wie das Mittelschiff, während ein ›Querhaus‹ niedriger sein kann. Ähnliche Querschiffe findet man bei den Marienkirchen in Rostock, Stralsund und Gdańsk (Danzig). Die Querschiffe von St. Georgen wurden allerdings erst ein Jahrhundert nach dem Chor, seit 1404, zusammen mit dem Langhaus begonnen.

Trotz bürgerlicher Stiftungen, trotz Vermächtnissen und Ablassbriefen zugunsten der Kirche floss das Geld damals spärlicher als es der Baufortschritt erforderte, so dass es 1440 wieder zum Baustopp kam und die Arbeiten erst zwölf Jahre später weitergingen. Zunächst war der Baumeister Hermann von Münster (seit 1442) sieben Jahre für St. Georgen verantwortlich. Ihm folgte Hans Martens, der den Bau fast 50 Jahre, von 1449 bis 1497, vorantrieb. In dieser Zeit gelang es ihm, die Querschiffe zu vollenden.

Der geplante Westturm sollte aber für immer eine kühne Idee bleiben. Doch erst Ende des 16. Jahrhunderts sah man das ein und brachte auf dem Turmstumpf statt der ehrgeizigen Pläne des Mittelalters ein schlichtes Walmdach auf. Längst war die Wirtschaftskraft

Seit 2001 sind die Gewölbe in St. Georgen wieder geschlossen.

der Hanse geschwächt und damit auch in Wismar die Zeit der großen Kirchenprojekte vorbei. Deshalb wurde auch der für St. Georgen geplante neue Chor nie ausgeführt. Man beließ es bei dem bis heute vorhandenen Chor von 1290.

Trotz der reduzierten Pläne sind die Ausmaße der einstigen Pfarrkirche der Neustadt beeindruckend: Die Kirche ist 76 Meter lang und misst in der Breite und Höhe jeweils 42 Meter.

Die im Mittelalter bedeutende Hansestadt Wismar konnte sich nach dem Dreißigjährigen Krieg und den späteren Belagerungen und Kriegen in der schwedischen Zeit wirtschaftlich nie wieder erholen. Die Ende des 19. Jahrhunderts einsetzende Industrialisierung bewirkte zwar eine Konsolidierung, doch die Weltwirtschaftskrise brachte den Wismarern eine furchtbare Arbeitslosigkeit. 1933 entstanden durch die Dornier-Flugzeugwerke neue Arbeitsplätze, aber diese Scheinblüte rächte sich im Zweiten Weltkrieg bitter. Zwölf Luftangriffe zielten auf die Industrieanlagen. Sie hatten die Altstadt zwar verschont, aber ein Angriff in der Nacht vom 14./15. April 1945 zerstörte das gotische Stadtviertel rund um die Marien- und die Georgenkirche.

Die ›größte Ruine Deutschlands‹

Mit der Wende kamen die westlichen Journalisten. Sie berichteten 1989 erstmals über den Zustand der ostdeutschen Städte und gaben der Georgenkirche den unrühmlichen Titel ›größte Ruine Deutschlands‹. Rückblickend hat sich vor allem die bundesweite Öffentlichkeitsarbeit der Deutschen Stiftung Denkmalschutz darum verdient gemacht, nicht nur um Spenden zu werben, sondern auch das Thema Denkmalpflege in den öffentlichen Diskurs zu bringen. Die Stiftung hatte schon vor dem 3. Oktober 1990 beschlossen, die Wismarer bei der Rettung der Georgenkirche zu unterstützen und um Spenden geworben. Die Resonanz war groß. Sie machte den Wismarern gegen alle Unkenrufe Mut, den Aufbau zu wagen. Seitdem hat die Stiftung mehr als 12,8 Millionen Euro für die Georgenkirche zur Verfügung gestellt.

Wenn die Kirche im Jahr 2010 wieder eingeweiht wird, wird die Symbolgeschichte der vormaligen Ruine um ein Kapitel erweitert sein. Bereits jetzt hat sich das Mahnmal zum Hoffnungszeichen gewandelt. Ein aktiver Förderverein wirbt vor Ort und sammelt Spenden, unterstützt von einem weiteren regen Förderverein. Für viele Wismarer Bürger verkörpert der Aufbau der Georgenkirche einen baulichen Einspruch gegen die bedrückenden Auswirkungen der hohen Arbeitslosigkeit in Mecklenburg-Vorpommern.

Vieles geschieht für die Georgenkirche im Verborgenen, in Archiven und Restaurierungswerkstätten. Seit 1996 werden parallel zu den Bauarbeiten die ausgelagerten, besonders gefährdeten Ausstattungsstücke restauriert. Manches ist inzwischen gesichert und wieder in anderen Wismarer Kirchen zu sehen. Andere Stücke befinden sich für Jahre in Restaurierungswerkstätten. Auch für diese systematische Rettung des Kunstgutes hat die Deutsche Stiftung Denkmalschutz inzwischen mehr als 280 000 Euro zur Verfügung gestellt. Zu den derzeit bearbeiteten Objekten zählen mehrere Altäre, wie der Dreikönigs- und der Passionsaltar, der Martin-Georg-Schrein und der Thomas-Altar, dessen Figuren des Thomas von Aquin und des Thomas Becket, Erzbischof von Canterbury, bereits restauriert wurden.

Chronik des Wiederaufbaus

Der Fortschritt auf der eigentlichen Baustelle ist auch für Laien leicht nachvollziehbar. Dort wird wie im Mittelalter von Ost nach West gebaut. Bis 1996 waren die Chorpfeiler fundamentiert und das Chorgewölbe gefestigt, beide Querhäuser mit der Vierung einschließlich des Chores gesichert und mit der endgültigen Dachdeckung versehen, die Mauern der nördlichen und südlichen Turmseitenkapellen gesichert, der Nordgiebel wieder aufgerichtet sowie die östliche Chorwand mit den Zwillingsfenstern fertig. Auch im Jahr darauf ging es weiterhin um die statische Sicherung: Sie

Eine alte Ansicht von Norden auf die Georgenkirche mit dem hohen nördlichen Querschiffgiebel zeigt, dass die Westturmfront nie vollendet wurde. Der breit gelagerte Kirchenbau wird von dem ungewöhnlich hohen Querschiff geprägt.

Die Ansicht von Süden mit dem hohen südlichen Querschiffgiebel veranschaulicht den Baufortschritt des Außenbaus bis Herbst 2004. Bis auf den westlichen Abschluss des Langhauses ist die gesamte Kirche wieder überdacht.

betraf die südlichen Seitenschiffwände einschließlich der angrenzenden Kapellen und der nördlichen Querhauswand sowie die westliche Hochwand des Südquerhauses und die Wiederherstellung des Südfensters des südlichen Querschiffes. 1998 erfolgte die Sicherung des Nordquerhauses und der nördlichen Langhauswände des Seitenschiffs mit den dazugehörigen Kapellen. Nun waren die gesamten Ostteile – der Chor mit Vierung und den Querschiffen – überdacht.

Als 1998 die Gewölbe und die Fenster geschlossen wurden, war erstmals seit mehr als 50 Jahren wieder ein geschlossener Raumeindruck entstanden. 1999 ging es mit dem Mittelschiff weiter: Zur Stabilisierung mussten die Seitenschiffdächer aufgebaut und angeschlossen werden. Bis 2000 war die Dachkonstruktion des Mittelschiffs fertig, und inzwischen sind – bis auf den Westturm – alle Dächer eingedeckt und der Innenraum komplett eingewölbt. Parallel dazu werden die vorhandenen Malereien restauratorisch gesichert. Nun wartet noch der Turm auf seine abschließende Bearbeitung.

Inzwischen gibt es zwei treuhänderische Stiftungen in der Verwaltung der Deutschen Stiftung Denkmalschutz. Bis zur Fertigstellung der Georgenkirche im Jahr 2010 fehlen aber noch mehrere Millionen Euro. Die Deutsche Stiftung Denkmalschutz wird deshalb weiterhin um Spenden bitten.

St. Nikolai setzt die französische Kathedralgotik in Backstein um.

St. Nikolai

Auf dem Weg zu St. Nikolai läuft man ein Stück an der ›Frischen Grube‹ entlang, denn man betritt die Kirche von Süden. Der einst schiffbare Lauf der Grube verleiht der gleichnamigen Straße, die von kleinen Häusern gesäumt wird, einen idyllischen Charme, der zum Verweilen einlädt.

St. Nikolai war die Pfarrkirche der ältesten Siedlung Wismars, die im Süden durch die Grube begrenzt und zugleich mit dem Hafen verbunden war. Die Hafennähe machte sie zur Kirche der Seefahrer, Fischer und Reisenden. Von den drei gotischen Backsteinkirchen der Altstadt hat nur die am weitesten nördlich gelegene Nikolaikirche die Bomben des Zweiten Weltkriegs relativ unbeschadet überstanden. Mit Sicherheit zählt sie baulich und durch die Ausstattung zu den herausragenden Bauten der Backsteingotik an der Ostseeküste.

Bevor man die dreischiffige Basilika mit dem kräftigen Westturm und den Querhäusern betritt, wird man von ihrem ungewöhnlich detailreichen südlichen Querhausgiebel überrascht sein. Ganz im Gegensatz zu dem ansonsten klar und flächenhaft gemauerten Außenbau ist der Giebel dicht mit kleinteiligen glasierten und unglasierten, schwarzen und roten Backsteinen ausgefüllt. Die Spitze des Giebels wird durch ein prachtvolles Sonnenrad ausgefüllt. Die Figuren- und Maßwerkfriese lösen die Fläche gänzlich auf. Der Wechsel von glasierten und unglasierten Steinen kommt seit dem frühen 13. Jahrhundert vor und ist auch am Chor von St. Marien in Rostock erhalten. An dieser Behandlung der Detailformen wird der Unterschied zwischen der Formensprache der französischen Kathedralgotik und der Backsteingotik einmal mehr deutlich. Denn im Grundriss und Aufbau folgt St. Nikolai dem strengen gotischen Kathedralschema, wie er durch das Bindeglied der Lübecker Marienkirche den Hansestädten vorgegeben war.

Der Innenraum

Wer St. Nikolai durch das täglich geöffnete Südportal betritt, sieht und hört sofort, dass er kein Denkmal der Vergangenheit, sondern einen lebendig genutzten Kirchenraum betritt.

Die – restaurierte – Bemalung des Pfeilers erinnert an orientalische Teppichmuster und verweist auf den engen Kontakt zwischen Europa und Asien zur Zeit der Hanse.

Seit dem 13. Jahrhundert teilt die ›Frische Grube‹ den nördlichen Teil der Altstadt um die ehemalige Stadtpfarrkirche St. Nikolai von den nur unwesentlich jüngeren Stadtvierteln ab.

Dies ist umso erstaunlicher, als dass die Gemeinde sehr klein ist. Der unerwartete Empfang trägt sehr dazu bei, dass sich viele Besucher in der Kirche wohlfühlen und oft länger bleiben als geplant. Jeder Besucher steht unvermittelt vor einem großen Tisch mit Fotografien, Büchern und Informationsbroschüren. Nur mit Hilfe der ehrenamtlich tätigen Gemeindemitglieder kann St. Nikolai täglich geöffnet werden. Frische Blumensträuße, zeitgenössische Kunstwerke und kritische Wechselausstellungen zur Friedensforschung sind Hinweise darauf, wie rührig sich die kleine Gemeinde um ihre viel zu große Pfarrkirche kümmert.

Oft hört man beim Betreten der Nikolaikirche Orgelmusik, die man nach dem ersten Staunen als Beatles, Rolling Stones und moderne Kompositionen erkennen kann, die der Organist auf sein altes Instrument übertragen hat. Auch für diese Musik und die Konzerte ist St. Nikolai überregional bekannt.

Seit Sommer 2004 gehen die ehrenamtlichen Helfer zu jeder vollen Stunde auf die Kirchenbesucher zu und bieten ihnen an, den Westturm hinaufzusteigen. Von dort oben hat

Die südlichen Kirchenportale geben ein gutes Beispiel dafür, wie sensibel sich der barocke Skulpturenschmuck in das ältere gotische Portal einfügt. Der Wechsel von roten und dunkel glasierten Formsteinen verleiht dem vielfach profilierten gotischen Portalgewände eine verwirrend schöne Wellenbewegung.

man nicht nur einen grandiosen Blick über die Stadt mit Hafen und Meer, sondern kann das gemauerte gotische Gewölbe des südlichen Seitenschiffs von oben betrachten (S. 67). In einer Höhe von mehr als dreißig Metern gibt eine der mittelalterlichen runden Öffnungen im Gewölbe den ungewohnten Blick nach unten in den Kirchenraum frei. Aus dieser Perspektive bekommt man einen Eindruck von der schwer zu begreifenden Höhe der Backsteinkirche.

Die heutige Kirche St. Nikolai entstand zwar relativ spät, folgt aber ganz konservativ den Formen der Lübecker Marienkirche. St. Nikolai hatte einen Vorgängerbau, der bereits 1255 urkundlich erwähnt wird, doch schon fünfzehn Jahre später war von einem Umbau die Rede. Aber erst mehr als hundert Jahre später, nach 1381, begannen die Wismarer, die bestehende Pfarrkirche St. Nikolai mit großem Aufwand umzubauen. Als Vorbilder dienten die Lübecker Marienkirche und die 1339 umgebaute Wismarer Ratskirche St. Marien. Die Bauzeit von St. Nikolai fällt in die Blütezeit der Stadtgeschichte, als die wenige Schritte entfernte zweite Großbaustelle der Ratskirche St. Marien bereits große Fortschritte gemacht hatte.

Geld, Friedenszeiten und Zuversicht schienen es zu erlauben, die alte Nikolaikirche abzureißen und nach den vielbewunderten Vorbildern einen Neubau zu wagen. Trotz der langen Bauzeit wirkt der Innenraum von St. Nikolai harmonisch und gilt neben der Lübecker Marienkirche als strenge Umsetzung des französischen Kathedralbauschemas im Material Backstein. Das Mittelschiff ist eines der längsten an der Ostseeküste und erreicht mit einer Höhe von 37 Metern fast die Höhe der Lübecker Marienkirche. Durch die geringe Breite von nur 10,5 Metern wirkt das Mittelschiff besonders steil. Insgesamt ist St. Nikolai 85 Meter lang und 58 Meter breit. Man schätzt, dass etwa drei Millionen Backsteine für St. Nikolai hergestellt und verbaut wurden.

Aus heutiger Sicht ist es kaum vorstellbar, wie es sich die nicht einmal 10 000 Einwohner Wismars zumuten konnten, zeitgleich zu ihrer Ratskirche eine weitere Großbaustelle zu eröffnen, zumal das ›abschreckende‹ Beispiel, die zwar genutzte, aber nicht vollendete Georgenkirche, hundert Meter neben der Baustelle von St. Marien stillag. Andererseits, könnte man salopp formulieren, wurde es auch Zeit für die Wismarer, denn längst besaßen die Konkurrenzstädte mindestens drei entsprechende Großbauten. Zwar waren noch nicht alle fertig, aber zumindest im Bau. Ein Jahrhundert zuvor (um 1250) hatten die Stralsunder Bürger ihre Ratskirche St. Nikolai und kurz darauf St. Jakobi, vermutlich nach Lübecker Vorbild, begonnen.

Eines der südlichen Stufenportale an St. Nikolai. Das Holzportal wurde durch maßgefertigte Teile ergänzt.

Das linke Foto verdeutlicht die höchst komplizierte Mauertechnik.

In der Südvorhalle von St. Nikolai wurde der ehemalige Hauptaltar von St. Georgen aufgestellt. Der um 1420/30 geschaffene Schnitzaltar mit Doppelflügeln gilt als ein Hauptwerk unter den spätgotischen Flügelaltären der Ostseeküste. Die Mitteltafel zeigt die Marienkrönung, umgeben von Aposteln und Heiligen.

Die Triumphkreuzgruppe und der Hochaltar (Bilder S. 60/61) stehen sich in der südlichen Vorhalle gegenüber. Beide Werke entstanden um 1420/30 für St. Georgen. Für St. Marien entstand um 1400 ein ähnliches Triumphkreuz, das nach der Restaurierung 1992 in den Schweriner Dom gebracht wurde. Das Vorbild für beide Triumphkreuze war das Kreuz im Doberaner Münster, das um 1365/70 entstand (vgl. Busjan, Kat. Bauten 2002, 100–104).

Die Rostocker hatten den Grundstein für ihre erste Marienkirche gelegt, und selbst für die Mönche in Doberan waren die Mühen ihres zweiten Kirchenbaus längst Geschichte. Auch die Größe und Schönheit des Schweriner Domes hatte sich bis zu den Wismarer Ratsherren herumgesprochen.

Wie in Lübeck folgt man daher auch in Wismar dem französischen Kathedralschema, das eine dreischiffige Basilika mit Chorumgang und Kapellenkranz vorsieht. Und wie bei den beiden Wismarer Schwesterkirchen St. Marien und St. Georgen entschied man sich bei St. Nikolai nicht für eine Doppelturmfassade nach Lübecker Vorbild, sondern für einen Turm – der bei der Georgenkirche seine volle Höhe nie erreichte, aber zumindest bei St. Marien 82 Meter hoch in den Himmel ragte. Die Entscheidung für einen einzelnen Turm statt eine Doppelturmfassade zeigt, dass es sich bei allen drei Wismarer Pfarrkirchen bereits um späte Nachfolger der Lübecker Marienkirche handelt, an denen sich die spätgotische Tendenz zur Vereinheitlichung der Bauteile beim Außenbau ankündigt.

Der Umgangschor von St. Nikolai wurde unter dem Baumeister Heinrich von Bremen zwischen 1381 und 1403 fertig gestellt. Das Langhaus begann man später, erst seit 1435 unter Hermann von Münster. Hermann war der gleiche Baumeister, der auch die Baustelle von St. Georgen leitete. Im Jahr 1459 fand wieder eine Weihe in St. Nikolai statt, die sich vermutlich auf das Mittelschiff mit den Seitenschiffen und den Kapellen bezog. Aber erst zwischen 1485 und 1487 wurden die Gewölbe eingezogen. Nachdem das Gewölbe im westlichen Teil der Seitenschiffe 1524 einstürzte, wurde es bis 1544 erneuert. Bis zum Einsturz des Turmhelms durch einen Orkan im Jahr 1703 bestand die Kirche in den spätgotischen Formen. Doch der Einsturz zerschlug das Dach, die Gewölbe und große Teile der Ausstattung, die im Mittelschiff stand. Danach sah man sich gezwungen, eine neue, nunmehr barocke Ausstattung anfertigen zu lassen, die bis heute erhalten ist. Im Zusammenhang einer umfassenden Sanierung wurde das Mittelschiff 1867 wieder eingewölbt und die Kirche danach durchgreifend restauriert.

Der Raumeindruck von St. Nikolai ist überwältigend. Er wird durch das sehr schmale und besonders steile Mittelschiff bestimmt, das mit einer lichten Höhe von 37 Metern kaum einen Meter unter dem Lübecker Vorbild liegt. Der relativ kurzen Bauzeit von weniger als 80 Jahren ist der einheitliche und geschlossene Raumeindruck zu verdanken. Die Mauern sind, wie in St. Marien in Lübeck und auch in St. Georgen, farblich in einem warmen Rotton gefasst, während das Gewölbe durch das (relativ frische) Weiß noch höher wirkt.

Die Ausstattung

Das Besondere an der Ausstattung von St. Nikolai ist, dass hier eine einheitliche Barockausstattung vollständig erhalten ist. Sie entstand nach dem Turmeinsturz von 1703. Darüberhinaus wurden in St. Nikolai seit dem 19. Jahrhundert auch Werke aus anderen Kirchen aufgenommen. So kommt zum Beispiel das gotische Gestühl im Chorumgang in St. Nikolai aus St. Georgen. Ebenso wurden die Reste gotischer Chorschranken aus den Ruinen von

Das extrem hohe und schmale Mittelschiff ist charakteristisch für den Raumeindruck der Kirche St. Nikolai.

Schiffer
Compagnie

St. Nikolai ist ein lebendig genutztes Kirchengebäude, in dessen Kapellen Kunstwerke aus verschiedenen Jahrhunderten, Materialien und Stilen in spannungsvollem Nebeneinander aufgestellt sind.

St. Georgen und St. Marien geborgen und im nördlichen Querhaus aufgestellt. Auch der als ältester Altarschrein Wismars geltende Krämeraltar wurde 1945 aus St. Marien geholt und fand im Chorumgang von St. Nikolai einen würdigen Platz. Der Krämeraltar wurde um 1430 von der Zunft der Krämer gestiftet, und an seiner Restaurierung beteiligten sich jüngst wieder Bürger. Die Deutsche Stiftung Denkmalschutz konnte dazu dank einer hohen Einzelspende beitragen.

Zu den künstlerischen Meisterwerken zählt auch das bronzene gotische Taufbecken aus St. Marien, das um 1335 gegossen wurde. Mit Erzählfreude und fein ausgearbeiteten Details werden bekannte Szenen aus dem Leben Jesu und dem Gleichnis von den klugen und törichten Jungfrauen dargestellt. Diese Taufe, in Norddeutschland auch Fünte genannt, scheint den etwa zeitgleich entstandenen Fünten in den Marienkirchen in Lübeck und Rostock stilistisch sehr nahe zu stehen.

Trotz dieses Fests der Sinne kommen jeden Tag viele Besucher, die nicht verstehen, warum die Gemeinde um einen Euro Spende für die laufenden Kosten bittet. Manche Besucher vergessen, dass die Kirche ohne die ehrenamtlichen Helfer angesichts zurückgehender Kirchenmitgliederzahlen geschlossen bliebe, zumal die jahrhundertealten Kunstwerke nicht nur bei gleichbleibendem Raumklima erhalten, sondern auch beaufsichtigt, geschützt und restauriert werden müssen. Es ist drastisch formuliert, aber leider wahr, dass wir Besucher ohne diese Idealisten die Backsteingotik nur von außen anschauen könnten.

Die gotische Bronzefünte wird von drei knienden jugendlichen Gestalten getragen. Das geschmiedete Gitter in Form geknoteter Stricke in Eisen entstand etwa hundert Jahre danach und wird einer Sage folgend ›Teufelsgitter‹ genannt.

Dank der ehrenamtlichen Helfer ist sogar der Dachstuhl von St. Nikolai im Bereich des südlichen Seitenschiffs zugänglich. Dort oben kann man nicht nur einen der wenigen original erhaltenen gotischen Dachstühle erleben, sondern auch durch eine runde Öffnung im Gewölbe in die Kirche hinab schauen. Von unten sind die runden Deckel im Gewölbe zu sehen.

Die Deutsche Stiftung Denkmalschutz beteiligte sich dank einer Zuwendung der Rudolf-August Oetker-Stiftung 1991/92 mit rund 320 000 Euro (damals 640 000 DM) an der dringend notwendigen Dachstuhlsanierung im Chorbereich, an der Dachneueindeckung und den Holzschutzmaßnahmen.

Der Turm der Ratskirche steht heute als Solitär im ehemaligen gotischen Viertel.

St. Marien

Die Sprengung der Ruine von St. Marien ist vielen Wismarer Bürgern bis heute in schmerzvoller Erinnerung. Die Ratskirche galt mehr als 700 Jahre als weit sichtbares Symbol für bürgerliche Selbstverwaltung und Freiheit vom Landesherrn. Die durch Stiftungen besonders kostbar ausgestattete dritte Stadtpfarrkirche St. Marien wurde trotz vielfacher Proteste 1960 gesprengt. Viele Ausstattungsstücke hatte man nach 1945 geborgen und in St. Nikolai untergebracht. Der 81 Meter hohe Westturm erinnert an die Kirche.

St. Marien unterlag wie viele Stadtpfarrkirchen während der Bauzeit einem Planwechsel von der Hallenform zur Basilika. Seit 1270 wurde sie zunächst in der Mode der Zeit als Hallenkirche geplant. Aus dieser Phase stammt der erhaltene Westturm, der bis 1539 mit einem gotischen Helm bekrönt war. Die Halle war schon fortgeschritten, als man 1339 mit dem Baumeister Johann Grote einen Vertrag über die Fertigstellung eines Umgangschores mit Kapellenkranz abschloss, der bereits seit etwa 1320 in Arbeit war. Der Rat zog nämlich inzwischen eine basilikale Kirche nach französischem Schema vor. So entstand unter Grotes Leitung eine Basilika mit einer Länge von mehr als 87 Metern und einer Breite von über 38 Metern. Später fügte man an jeder Langseite weitere höhere Hallen und mehrere Kapellen hinzu.

Der ruinöse Turm wurde in den letzten Jahren mit Mitteln von Stadt, Land und Bund statisch gesichert, geschlossen und mit Türen und Fenstern geschützt. Die Deutsche Stiftung Denkmalschutz beteiligte sich an den Arbeiten mit rund 640 000 Euro. Der Bereich des ehemaligen Kirchenschiffs wurde archäologisch untersucht. Dabei fand man mehrere Grablegen. Außerdem wurden die technisch notwendigen Installationen wie Heizung, Lüftung und Elektrik eingebaut, um die Räume für Veranstaltungen wie Ausstellungen und Vorträge nutzen zu können.

Für die Ausstellung ›Gebrannte Größe. Wege zur Backsteingotik‹ baute man 2002 in die Gerüstlöcher der Marienkirche ein Baugerüst in einer Technik, wie es im Mittelalter üblich war.

Der Westturm von St. Marien ragt wie ein mahnender Zeigefinger neben dem Parkplatz empor. Bis 1945 dehnte sich hier das ›gotische Viertel‹, das älteste Stadtviertel Wismars, aus. Der Turm wurde jüngst für kulturelle Veranstaltungen ausgebaut. Am Gewölbeansatz kann man ablesen, dass das alte Seitenschiff der Hallenkirche breiter war als das der jüngeren Basilika, das steiler und schmaler gebaut wurde.

Wismarer Bürger errichteten im Jahr 1950 eine elementare Backsteinkirche.

Die Neue Kirche

Wie ein schützendes Zelt wirkt der stimmungsvolle Kirchenraum, der aus geborgenen Trümmer-Backsteinen und einer vorgefertigten hölzernen Dachkonstruktion besteht. Das umlaufende Fensterband sorgt für mildes Tageslicht. Der Flügelaltar (um 1400) stammt aus St. Georgen.

Für die protestantischen Kirchengemeinden ist sie auch nach 55 Jahren noch die ›Neue Kirche‹. Architekturhistoriker besuchen sie als ›Bartning-Kirche‹, und der Architekt Otto Bartning (1883–1959) plante sie 1949 als ›Notkirche‹. Dafür entwickelte er einen Bausatz aus vorfabrizierten Teilen.

Die Wismarer Notkirche verdankt sich vielen ehrenamtlichen Arbeitsstunden der Gemeindemitglieder im Jahr 1950 und ist die letzte von fast 50 nach dem Zweiten Weltkrieg von Bartning als Typensatz konstruierten Notkirchen. Als eine der wenigen erhaltenen denkmalgeschützten Notkirchen ist sie dringend sanierungsbedürftig.

Einfachheit war für Bartning eine moralische Verpflichtung, und ein harmonischer, stimmungsvoller Sakralraum war keine Frage des Geldes. Bartning hatte bereits vor der Gründung des Bauhauses in Dessau mit Walter Gropius begonnen, das Bauen durch vorgefertigte Teile zu rationalisieren und dadurch preisgünstiger zu machen.

Die Geschichte der Wismarer Notkirche ist untrennbar mit der Zerstörung der benachbarten Marien- und Georgenkirche verbunden, zu deren Gemeinden damals mehr als 20 200 Mitglieder zählten. Hinter der Suche nach einem gemeinsamen Versammlungsraum stand somit echter Raummangel. Doch nach 1945 musste die Stadt vordringlich neue Wohnungen schaffen, und so zogen sich die Verhandlungen der Gemeinden mit der Stadt mit dem verständlichen Hinweis auf die Wohnungssituation hin.

Das Evangelische Hilfswerk hatte nicht nur in Otto Bartning einen geeigneten Architekten, sondern erhielt zu dieser Zeit viele Spenden, vor allem aus Amerika, und sorgte dafür, dass zwischen 1948 und 1950 in vielen Städten Bartning-Notkirchen gebaut werden konnten.

Im ersten Entwurf für die Wismarer Notkirche ging Bartning 1949 noch davon aus, dass das alte Pfarrhaus von St. Marien wieder aufgebaut und die neue Kirche daran angebaut werden sollte. Anfang 1950 beschloss die Gemeinde dann, die Backsteine des stark beschädigten Pfarrhauses für die neue Kirche zu verwenden. Da es an Baumaterial ebenso wie an Geld mangelte, wurden nicht nur viele Bauteile gespendet – wie etwa elf Fenster, acht Türen, Pfetten, Binder, Nägel, Blei und Schraubenbolzen –, sondern die meisten Arbeitsleistungen ehrenamtlich von den Gemeindemitgliedern erbracht. Jugendliche, Konfirmanden, Frauen und Männer enttrümmerten das Grundstück des alten Pfarrhauses und bewegten Hunderte Schubkarren mit Schutt. Sie bargen in wochenlanger Arbeit rund 40 000 Backsteine im Klosterformat vom alten Pfarrhaus, klopften den Mörtel ab und brachten die Steine in die benötigte Form.

Am 1. Januar 1951 wurde der Grundstein gelegt. Doch es dauerte bis Oktober, bis die ausführende Wismarer Firma Sengebusch den Bauschein, und damit die offizielle Genehmigung zum Baubeginn, erhielt. Parallel dazu übernahm die Gemeinde die Erdarbeiten. Sie mauerten die Trümmersteine bis zum Fenstergesims hoch, damit die hölzernen Fertigteile später nur noch aufgesetzt werden mussten. Am 8. August 1951 erfolgte die Bauabnahme, und am 12. August wurde die Neue Kirche durch den Landesbischof Dr. Niklot Beste feierlich eingeweiht.

Die Kirche wurde in einem halben Jahr gebaut und kostete dank der vielen Eigenleistungen nur 83 000 DM. Die Gemeinde und der Architekt zeigten mit den Notkirchen, wie man damals mit wenig Geld ein bis ins Detail geplantes, handwerklich anspruchsvolles Gebäude errichten konnte.

Hospitäler leisteten im Mittelalter kostenlose Alten- und Krankenpflege.

Das Heiligen-Geist-Hospital

Die kostenlose Versorgung armer und kranker Menschen hatte in Wismar – wie in Lübeck und Stralsund (S. 130) – eine lange bürgerliche Tradition. Das Heiligen-Geist-Hospital wurde nicht zufällig an der Lübschen Straße eingerichtet, denn über diese mittelalterliche Magistrale zwischen Alt- und Neustadt kamen die auf der alten Handelsstraße Reisenden in die Stadt. Mit der jüngsten Schwamm- und Dachsanierung des Bauten-Ensembles aus Spitalkirche und Wohngebäuden wurden nicht nur Baudenkmale, sondern zugleich ein mittelalterliches Stück Sozialgeschichte bewahrt.

Parallel zu den Klöstern gab es im Mittelalter Laienbruderschaften, die sich Ende des 12. Jahrhunderts zum Orden des Heiligen Geistes zusammenschlossen. Dieser Orden kümmerte sich in den schnell wachsenden Städten um die Verlierer der Gesellschaft, denn Seelsorge und Leibsorge gehören in der christlichen Lehre zusammen. In der Bibel stehen die Handlungsanweisungen. Im Heiligen-Geist-Hospital wurde, wie es ein Kirchengeschichtswerk von 1741 beschrieb, Barmherzigkeit in die Tat umgesetzt. Dort sollten die Schwachen gestärkt, »die im Geiste verwirrten und vom versehrten Gewissen Geängstigten getröstet, die Armen, Elenden und Fremden zur Herberge aufgenommen und entgästet und andere dergleichen christliche Dienste geleistet werden.« (Magister Dietrich Schröder, Das Papistische Mecklenburg, 1741, 638 f. nach Michael Bunners, Kleiner Kirchenführer 2003, 3/5)

Das Heiligen-Geist-Hospital ist älter als das heutige Bauten-Ensemble. Es liegt nahe, dass es mit der Stadtgründung eingerichtet wurde, denn natürlich kamen im frühen 13. Jahrhundert nicht nur junge, gesunde Einwanderer in

Von der Lübschen Straße gelangt man unmittelbar in die etwa 40 mal 14 Meter große Hospitalkirche. Die Raumwirkung des Saales wird von der freitragenden barocken Holzdecke bestimmt. Vor kurzem wurden die Dächer saniert und die farbenfrohe Decke restauriert.

Im Norden der Hospitalkirche schließt sich ein begrünter Innenhof an. Das backsteinerne Wohngebäude wurde jüngst saniert.

Das gotische Glasfenster an der Nordseite der Kirche besteht aus 26 Scheiben aus der Zeit um 1410 und wurde aus der Marienkirche hierher gebracht. Der Bilderzyklus beginnt mit dem Motiv ›Maria in der Spinnstube‹, auf dem Maria den Rock Jesu strickt (oben).

Als 1699 drei nahe der Kirche gelegene Pulvertürme explodierten, stürzte das gotische Tonnengewölbe ein. Bei der anschließenden Sanierung zog man eine farbenprächtige barocke Holzbalkendecke ein. In der Kirche sind drei Stableuchter, darunter zwei spätgotische, aufgestellt. Diese sogenannten ›Lichtebome‹ dienten bis zur Reformation als Prozessionsleuchter. Die beiden gotischen Leuchter zeigen Maria als Himmelskönigin im Strahlenkranz unter einem Baldachin.

die vielversprechende Stadt. Wer krank wurde, wessen Haus abbrannte oder wer als Handwerker reisen musste, fand im Heiligen-Geist-Hospital am Eingang der Stadt Hilfe. An der Nordseite der Kirche sind ein Fries und ein Portal von einem romanischen Vorgängerbau aus der Mitte des 13. Jahrhunderts erhalten.

Die heutige Anlage entstand im frühen 14. Jahrhundert. Von der Lübschen Straße gelangt man unvermittelt in die Hospitalkirche, einen einfachen Saalbau ohne Stützen, dessen Atmosphäre durch die farbenprächtige barocke Holzdecke bestimmt wird. Mit der für 1326 durch Bischof Marquard von Ratzeburg belegten Weihe des Hauptaltares war die einschiffige, damals noch gewölbte spätgotische Hallenkirche wahrscheinlich weitgehend fertiggestellt.

Im Jahr 1411 wurde das Hospital im Norden durch ein ›Siechenhaus‹ erweitert, doch bis zur Reformation wohnten kranke Menschen auch in der Kirche selbst. Erst als das Dominikanerkloster, das ›Schwarze Kloster‹, aufgelöst und die Krankenpflege dorthin verlegt wurde, gestaltete man die Heiligen-Geist-Kirche in der zweiten Hälfte des 16. Jahrhunderts zur protestantischen Kirche um. Dafür erhielt sie 1585 die Renaissancekanzel und das Eichenholz-Gestühl aus den Jahren 1571 bis 1589, dessen Wangen mit den Attributen der Berufe versehen sind. Das ehemalige Siechenhaus trennte man durch eine Fachwerkwand von der Kirche ab und richtete kleine Wohnungen darin ein, die bei der jüngsten, umfangreichen Dach- und Schwammsanierung der Gebäude seit dem Jahr 2000 wiederhergestellt wurden. Die Deutsche Stiftung Denkmalschutz konnte die rührige Gemeinde dank privater Spenden und der GlücksSpirale mit rund 274000 Euro unterstützen.

Nach der Zerstörung der Georgenkirche wurde 1945 neben anderen Ausstattungsstücken auch die farbig gefasste Figurengruppe der Anbetung der Heiligen Drei Könige hierher gebracht. Sie entstand im frühen 15. Jahrhundert.

Neben mittelalterlichen Fresco-Resten an der Nordwand fand ein Restaurator 1968 an der Südwand des Kirchenschiffs ein wie ein Wandteppich wirkendes Magisches Rechteck in Frescotechnik, das möglicherweise aus der Bauzeit der Kirche stammt. Das Buchstabenbild, ein selten erhaltenes Meditationsbild, entschlüsselt sich von dem einzigen »D« in der Mitte ausgehend. Mit 99 gotischen Majuskeln, die Hälfte davon in Spiegelschrift, kann 504-mal die lateinische Dankformel »Deo Gracias« (Gott sei Dank) meditiert werden.

Meer und Wind, Felder, Weiher und Salzwiesen sind die Elemente der Insel Poel.

Insel Poel

Im Hafen von Kirchdorf schaukeln Segel- und Motorboote neben Fischerbooten. Hinter hohen Bäumen schaut das rote Kirchturmdach der backsteinernen Inselkirche hervor. Am Horizont ist klein das Festland mit Wismar und den drei Stadtpfarrkirchen erkennbar.

Natur pur – so könnte die Kurzformel für die 37 Quadratkilometer große Insel Poel in der Wismarbucht lauten, die, kaum zwanzig Autominuten von Wismar entfernt, über den Brückendamm schnell zu erreichen ist. Felder, Salzwiesen, Schilf und Pferdekoppeln dehnen sich unter dem weiten Himmel mit wechselnden Wolkenformationen aus. Schattige Alleen führen an Bauernhöfen vorbei, die gelegentlich noch mit den inzwischen selten gewordenen Reetdächern gedeckt sind. Fischer holen zwischen Segelbooten und Yachten ihre Netze ein. Hier scheint die Zeit stehen geblieben zu sein. Doch das Leben und der Broterwerb auf einer Insel waren noch nie leicht. Und für die rund 2800 Poeler hat sich manches verändert, seitdem sich die Schönheit der Insel, ihrer Vogelschutzgebiete und kilometerlangen Strände weiter herumgesprochen hat.

Vom Festland kommend, erblickt man von Weitem schon in dem flachen Land den 47 Meter hohen Turm der Inselkirche in Kirchdorf. Wenn man weiß, dass die mehrfach umgebaute Kirche ebenso wie die Wismarer Kirchen im frühen 13. Jahrhundert mit dem Aufstieg zur Hansestadt gegründet wurde, kann man sich vorstellen, dass es nicht immer so gelassen auf der Insel Poel zuging.

Die Geschichte der Insel war stets mit dem wechselvollen Schicksal Wismars verknüpft. Die Kirche liegt nicht verträumt in einem der fünfzehn Inseldörfer, sondern an strategisch wichtiger Stelle im Zentralort Kirchdorf in einer fjordähnlichen Bucht, dem Kirchsee. Deshalb wurde Kirchdorf im 17. Jahrhundert zur Festung ausgebaut. Bis heute ist die Kirche von sternförmigen Wallanlagen, Schanzen und Mauern umgeben.

Heute wird der ›Schlosswall‹ glücklicherweise nur noch als Freilichtbühne genutzt. Im Dreißigjährigen Krieg hingegen war die Poeler Backstein-Festung umkämpft und wurde 1632 unter König Gustav Adolf von schwedischen Truppen zerstört. Die Backsteine verwendeten die Poeler für ihre Wohnhäuser weiter. Als Mecklenburg im Westfälischen Frieden 1648 Schweden zugeordnet wurde, begann auch für Poel die schwedische Zeit, die 1903 nach 255 Jahren endete.

Von der Kirche kann man in der Ferne das westliche Inselende mit der Mole von Timmendorf sehen. Der Hafen von Timmendorf-Strand wurde 1995 weiter ausgebaut. An der Steilküste bei Timmendorf lässt sich ablesen, dass sich Meer und Wind wie auf Rügen jedes Jahr ein Stück Küste zurück holen.

Der Leuchtturm ist das Wahrzeichen von Timmendorf. Er nahm 1871 seinen Betrieb auf und wurde 1921 auf seine heutige Länge erhöht. Noch immer markiert der Timmendorfer Leuchtturm die Einfahrt zum Seehafen Wismars. Ein zweiter, kleinerer Leuchtturm steht am nördlichen Ende der Insel in der Nähe von Gollwitz.

1806 wurde in Timmendorf die erste Schule der Insel gebaut. Sie steht im Möwenweg und beherbergt heute das liebevoll eingerichtete Poeler Heimatmuseum, wo man Vieles über das Leben auf der Insel und mit dem Meer erfährt. Vor dem Museum veranschaulicht ein neues Modell im Maßstab 1:5 die Schlosswallanlage mit der Inselkirche. Die Insel Poel ist zu jeder Jahreszeit reizvoll.

Stralsund

Stralsund ist umgeben von Wasser. Das erkennt man am besten vom Kirchturm von St. Marien (vgl. S. 110), auf der barocken Vogelschauansicht (unten) – oder ganz einfach auf einem Stadtplan. Es war die Lage auf einem erhöht gelegenen, hochwassersicheren Inselkern am Strelasund, gegenüber der Insel Rügen, die Stralsund zu einer der erfolgreichsten Hansestädte der Ostsee aufsteigen ließ. Das Meer bot reiche Fischbestände, vor allem Heringe, und der fruchtbare Boden ist bis heute bestens für Getreideanbau geeignet. Auch das milde mitteleuropäische Klima gehörte gleichsam zu den Geschenken der Natur, die das Leben an der südlichen Ostseeküste durchaus erleichtern konnten (Fritze 1961, 16 f.).

Man könnte salopp formulieren, das Meer bot mehr Menschen Nahrung als damals in dem dünn besiedelten Land lebten, und so wundert es nicht, dass sich der slawische Landesherr Einnahmen davon versprach, wenn er Siedler aus den westlichen Nachbarländern, und 1224 ausdrücklich auch Kaufleute aus Lübeck, dazu ermunterte, sich in seinem fruchtbaren Land eine neue Existenz aufzubauen.

Der slawische Fürst regierte von Arkona auf Rügen sein Fürstentum, zu dem auch weite Teile des Festlandes gehörten. In Stralsund war die Situation etwas anders gelagert als in Wismar: Im Fürstentum Rügen hatte der dänische Bischof von Roskilde 1168 das Christentum als verbindliche Religion eingeführt,

Die große Vogelschauansicht der Stadt Stralsund im Jahr 1647 von Johannes Staude gibt die Stadt mit dem barocken Festungsgürtel wieder. Der Vergleich mit dem heutigen Stadtplan zeigt, dass der mittelalterliche Stadtgrundriss bis heute erhalten ist. Diesen Plan hatte Staude als ›Bewerbungsunterlage‹ angefertigt, mit der er sich bei der schwedischen Königin Christina in Stockholm als Landvermesser vorstellte.

Die Türme der drei Stadtpfarrkirchen: die Doppelturmfront von St. Nikolai, der Westturm von St. Marien und der Turm von St. Jakobi.

nachdem er Arkona erobert hatte. Viele Jahre später kamen Siedler aus den westlichen Gebieten wie dem Rheinland, Niedersachsen und Westfalen an den Strelasund. Sie nahmen die weite Reise auf sich, weil sie sich in dem jüngst christianisierten Land des Slawenfürsten ein besseres Leben versprachen. Auf der späteren Altstadtinsel siedelten neben dem slawischen Fährdorf die zugereisten Kaufleute, die vom Heringshandel lebten. Neben Slawen (Fritze 1961, 26–28) und Neusiedlern werden hier auch dänische und baltische Kaufleute gelebt haben. Der rügische Landesherr residierte nun in einer Burg, die sich acht Meter über Sundniveau auf der Altstadtinsel erhob (Schneider Kat. Macht 2002, 23). Am 31. Oktober 1234 verlieh Fürst Wizlaw I. von Rügen der Siedlung ›Strahlow‹ als erster in seinem Fürstentum das Lübische Stadtrecht (Fritze 1961, 18–20).

Wie in Wismar ist die Ausdehnung Stralsunds mit der im späten 13. Jahrhundert errichteten Stadtmauer festgelegt (Fritze 1961, 29). Dieser Stadtgrundriss aus der Blütezeit der Hansestadt im 13./14. Jahrhundert mit den vom Hafen auf die beiden Marktplätze führenden sechs Parallelstraßen, die einst durch sechs hafenseitige Stadttore führten, ist bis heute erhalten. Die Parzellierungen, Bebauungsblöcke und Proportionen von Wohnhäusern, Kirchen, Klöstern und Plätzen erhielten im 14. Jahrhundert ihre Form.

Die umgebenden Sümpfe staute man bereits im Mittelalter zu den heutigen Seen, dem Frankenteich und dem Knieperteich. Die so geschaffene Insellage war bei Belagerungen im Mittelalter und im Dreißigjährigen Krieg von großem Nutzen für die Stadt. Im 17. Jahrhundert wurde die mittelalterliche Mauer durch einen Wall verstärkt, dessen Bastionen gleichfalls noch im Stadtplan ablesbar sind.

Im Jahr 2004 wurde Stralsund 770 Jahre alt, Wismar feierte den 775. Geburtstag.

Heringe, Salz, Fässer und Koggen machten die Stralsunder reich.

Der Hafen

Meerstadt ist Stralsund, vom Meer erzeugt und auf das Meer bezogen – so charakterisierte einst die Schriftstellerin Ricarda Huch das Wesen der Hafenstadt. Wer Stralsund besucht, den zieht es ans Meer, zum Hafen. Im Sommer herrscht dort eine duftige und heitere Atmosphäre wie am Mittelmeer. Yachten schaukeln im Wasser, das Leben spielt sich in den Straßencafés, auf den Kais und den Booten ab.

»Vom Meer erzeugt« ist durchaus wörtlich zu nehmen. Denn zur Stadtgründung im 13. Jahrhundert haben die riesigen Heringsschwärme beigetragen, die rund um die Insel Rügen in ihre Laichgründe in die flachen Boddengewässer zogen. Von den Fischmengen der Ostsee wussten bereits die Mönche im 12. Jahrhundert bis in die Klöster Süddeutschlands zu schwärmen. Denn die Ostseeheringe wurden im Mittelalter an rund 140 Tagen im Jahr als Fastenspeise gebraucht (Hammel-Kiesow Hanse 2000, 29). Die Meeresenge des Strelasundes wirkte wie ein Trichterhals, in den die Fischer gleichsam nur ihre Netze hineinhalten mussten. Doch ganz so einfach war es nicht. Reich kann man zwar durch Handel wer-

Alte und neue Architektur prägt das Hafenambiente von Stralsund. Die Lotsenstation (oben) steht auf der Hafeninsel. Die mächtigen Lagerhallen aus dem frühen 20. Jahrhundert nehmen Backsteinformen aus dem Sakralbau auf.

Stralsund muss man vom Meer aus erleben, denn die Stadt verdankt sich dem Meer und ist städtebaulich auf das Meer ausgerichtet. Die innovativen, hochseetauglichen Koggen ermöglichten den Stralsundern den überregionalen Seehandel.

den, aber Fisch verdirbt leicht. Was hätte der natürliche Fischreichtum genützt, wenn man ihn nicht zu konservieren gelernt hätte?

Genau diese Technik war den Fischern schon lange bekannt. Sie brauchten nur Salz und Holzfässer für die Lagerung und den möglichst weiten Transport. Denn je weiter, desto höher der Preis für Fisch.

Fässer und Koggen

›Der Große Heringsfang‹ rund um Rügen zog jedes Jahr viele Händler in das zunächst noch slawische Gebiet. Man weiß für das Jahr 1168 von Heringshändlern aus Bardowick bei Lüneburg, 1224 kamen Lübecker und 1230 Rostocker Kaufleute, außerdem Händler aus Dänemark (Schneider Kat. Macht 2002, 23). Ihr ›Verpackungsmaterial‹ brachten sie selbst mit. Fässer sind nahezu perfekte Transportbehälter. Man braucht sie kaum schleppen, denn man kann sie rollen. Sie sind stabil, stapelbar, wetterfest und jahrzehntelang wiederverwendbar. Abgesehen davon verleiht Holz den Speisen – und Getränken wie Bier und Wein – ein Aroma.

Aus dem Heringsgeschäft entwickelte sich bald ein lebhafter Tausch auch mit anderen Gütern, so dass Hafenausbau und Schiffbau immer wichtiger und schließlich zum Lebensnerv der späteren Stadt Stralsund wurden. Die Archäologen des Kulturhistorischen Museums konnten in den Jahren 1996 bis 1999 bei Ausgrabungen am Hafen nördlich des Heilgeistklosters weitere Erkenntnisse über die früheste Besiedlung Stralsunds gewinnen.

Demnach ging es am Hafen im Mittelalter unvergleichlich betriebsamer zu als heute. Hier wurden, ausgelöst durch die reichen Heringsgründe, bald überregional Waren gehandelt, die der Stadt in wenigen Jahrzehnten seit der Mitte des 13. Jahrhundert viel Geld einbringen sollten. Gleich mehrere Werften sorgten dafür, dass man dem steigenden Bedarf an Schiffen nachkommen konnte. Viele Berufe betrieben als Zulieferer für den Schiffbau ihre Werkstätten. Dazu zählen Zimmerleute, Segelmacher, Seiler und Schmiede. Sie stellten alles her, was für den Schiffbau und Transport gebraucht wurde, wie Anker und Fässer, Holzplanken, Werkzeuge und Kleinteile wie Nägel, Nieten und Eisenringe. Die Archäologen fanden in der Hafenvorstadt Steinkohle aus Kohlegruben im ostenglischen Durham, die für die Schmiede und Bronzegießer offenbar aus England importiert wurde, weil Steinkohle bessere Brenneigenschaften hat als Holz.

Der Bau von hochseetauglichen Schiffen war für Stralsund umso wichtiger, da hier kein Fluss ins Meer mündet und die Stralsunder alles über den Seeweg transportieren mussten.

Vom Hafen aus gesehen ragen die Kirchtürme der mittelalterlichen Stadtpfarrkirchen aus dem Häusermeer hervor. Im Mittelalter war die Stadt zum Meer hin mit einer Stadtmauer geschützt.

Das Meer war gleichsam die naturgegebene Autobahn des Mittelalters, die nichts kostet, jedoch wetterabhängig ist. Schiffe waren die damaligen Lastwagen. Bis heute gilt: Wer Waren besonders schnell und preisgünstig vom Hersteller zum Kunden bringt, kann gute Geschäfte machen. Daher war für die Archäologen der Fund des ältesten bisher gefundenen Koggenruders aus der Mitte des 13. Jahrhunderts besonders interessant. Dieses Heckruder belegt eine bahnbrechende technische Errungenschaft, denn im Unterschied zum Seitenruder, das bis ins 12./13. Jahrhundert üblich war, ermöglicht das Heckruder, das Schiff schneller und zuverlässiger zu steuern. Die Erfindung des Heckruders zählt daher zu den folgenreichsten Errungenschaften des mittelalterlichen Schiffbaus (Schneider Kat. Macht 2002, 27).

Ohne die hochseetauglichen, zugleich aber auch im flachen Boddengewässer fahrbaren Koggen (vgl. Poeler Kogge S. 22/23), ohne das Salz und die Fässer hätten die Stralsunder wenig von dem Heringsreichtum gehabt. Zu diesen technischen und geographischen Voraussetzungen kam eine kaufmännische hinzu: Die Küstenbewohner erkannten bald, wie aus dem Standortvorteil Geld zu machen war. Sie sicherten sich gegenseitig durch Verträge ab, reglementierten die Konkurrenz und steigerten ihre Profite. Unser Wissen über den hansischen Alltag wäre ohne das Stadtarchiv und die Stadtarchäologie recht begrenzt.

(Fast) alle Wege führen vom Hafen zum Markt mit dem Rathaus.

Der Marktplatz

Das gotische Stralsunder Rathaus entstand vor 1370. Es ist das größte seiner Art, unvergleichlich größer als sein Lübecker Vorbild. Trotz der Restaurierung ab 1881 gibt es bis heute einen imposanten Eindruck eines Rathauses aus dem 14. Jahrhundert.

Der Hafen ist der Lebensnerv der Stadt, der Marktplatz ihr politisches und wirtschaftliches Zentrum. Die gesamte Stadt Stralsund besteht aus Millionen von roten Backsteinen, die Bürgerhäuser, die drei großen Kirchen mit ihren Türmen, die ehemaligen Klosteranlagen und das Rathaus. Das einheitliche Baumaterial erweckt den (falschen) Eindruck, dass hier alles ›aus einem Guss‹ entstand. Obwohl die heute am Marktplatz erhaltenen Gebäude aus verschiedenen Jahrhunderten stammen, bilden sie doch einen harmonischen Rahmen für den großen rechteckigen Platz.

Backstein und Holz waren die Materialien, ohne die in einer Kaufmannsstadt wie Stralsund nichts lief. Unmengen Holz brauchte man für die vielen Schiffe, die in den Häfen vor Anker gingen. Holz für die großen Dachstühle der Kirchen, Rathäuser und Bürgerhäuser, Holz für Decken, Böden, Treppenhäuser, Türen, Fenster, Fässer, Schüsseln, Marktstände, Wagen. Und nicht zuletzt verbrannten große Waldflächen in den wenigen Jahrzehnten der Blütezeit Stralsunds zwischen 1250 und etwa 1370 und auch danach noch – als Feuerholz für Millionen von Backsteinen und für die Metallverarbeitung.

Für die vielen Arbeiten, die mit dem Aufbau der jungen Stadt verbunden waren, brauchte man Menschen. Für Vieles waren hochspezialisierte und gut ausgebildete Fachleute nötig, aber für die meisten Alltagsarbeiten, wie das Einsalzen von Heringen, das Fällen von Bäumen und den Holztransport, das Abstechen von Lehm und Formen der Backsteine, oder auch für das Verladen von Waren konnten kräftige Männer leicht angelernt werden. Die Waren, die im Stralsunder Hafen ankamen, wurden geradewegs auf den Alten oder auf den Neuen Markt gebracht. Bis sie dort zum Verkauf angeboten wurden, war mehrfaches Umladen erforderlich, denn obwohl die Koggen so gebaut waren, dass sie auch bei voller Ladung möglichst flach im Wasser lagen, konnten sie nicht durch das seichte Wasser bis ans Ufer heranfahren, sondern mussten im Fahrwasser vor Anker gehen. Von den Koggen musste man die Fässer und Säcke auf kleinere Prahme und Schuten umladen und auf diesen bis an die langen hölzernen Landestege bringen, wo sie abermals umgeladen wurden (vgl. Stich S. 13). Von dort führte der etwa einen halben Kilometer lange Weg über kieselsteingepflasterte Straßen in die Stadt (Schneider Kat. Macht 2002, 25/26), die im Unterschied zu den unbefestigten Nebenwegen auch bei Regen mit Karren befahren werden konnten.

Im Zentrum der Macht

Heute spaziert man in wenigen Minuten vom Hafen zum Marktplatz. Das war im Mittelalter nicht so einfach, denn die Hafenseite war die strategische Schwachstelle der Handelsstadt. Deshalb mussten die mittelalterlichen Kaufleute zwei Mauern passieren, wenn sie per Schiff kamen, zunächst die Hafenmauer und dann die etwa 80 Meter dahinter aufragende Stadtmauer, die mit dem Aufstieg der Stadt in der zweiten Hälfte des 13. Jahrhunderts gebaut und erst im 19. Jahrhundert abgerissen wurde. Sechs Tore führten an der Wasserseite über sechs parallel geführte Straßen ins Stadtzentrum (Schneider Kat. Macht 2002, 16). Am Straßenverlauf hat sich bis heute nichts geändert.

Wenn man vom Hafen durch die Fähr- oder die Semlowerstraße hinauf zum Markt ging, stand es unvermittelt vor einem, das auf den ersten Blick schwer zu trennende Baugefüge von Rathaus und Marktkirche. Unmissverständlich vermittelte die Architektur, dass man im politischen und religiösen Zentrum der reichen Kaufmannsstadt Stralsund stand.

Das bekannteste Giebelhaus am Alten Markt ist das ›Wulflamhaus‹ gegenüber vom Rathaus. Dieses Wohnhaus der Bürgermeisterfamilie Wulflam entstand vor 1358. Es überträgt die gotischen Schmuckformen des Rathauses in einen kleineren Maßstab. Charakteristisch ist der Wechsel von glasierten und unglasierten Backsteinen.

Die repräsentative Schauseite des Rathauses ist nach Norden, zum Alten Markt, ausgerichtet. Bei der Restaurierung ab 1881 interpretierte man zwar die Einzelformen, bewahrte aber die Gestaltungsprinzipien der Gotik mit sechs maßwerkgefüllten Giebeln und sieben Türmen. Eine Zeichnung der Fassade aus dem 17. Jahrhundert zeigt, dass die Vertikalen ursprünglich durch geschossübergreifende Pfeilervorlagen stärker betont waren.

Symbole städtischer Freiheit

Wo genau der Stralsunder Rat (Fritze 1961, 74–83) tagte, bis er ein eigenes Rathaus beziehen konnte, ist nicht überliefert; bei wichtigen Verhandlungen beriet er sich selbstverständlich in der Ratskirche, wo auch das Ratsarchiv lagerte und der Stadtschreiber arbeitete. Ein Rathaus, das ausschließlich der Verwaltung diente, gab es im Mittelalter nicht. Rathäuser waren Multifunktionsgebäude, die rund um die Uhr genutzt wurden. Dort gab es große Lager, Verkaufsläden und Waagen. Die Versammlungssäle wurden je nach Anlass geschmückt. Unter ›Ratskeller‹ stellt man sich bis heute ein Gewölbe mit Weinausschank vor. Immerhin 1800 Quadratmeter misst der sechsschiffige gewölbte Keller unter dem Stralsunder Rathaus. Das Erdgeschoss planten die Stralsunder für 40 Verkaufsräume, und die Speicherböden der Obergeschosse boten große Lagerflächen.

Antike und mittelalterliche Städte funktionierten nur mit Vorratshaltung. Vor allem in Handelsstädten brauchte man viele Speichermöglichkeiten. Neben Fisch war Getreide das wichtigste Grundnahrungsmittel, denn man konnte es gut lagern (Meckseper Stadt 1982, 178). In Stralsund wurde zudem systematisch Gerste angebaut, um Malz zu produzieren, das man für die Bierbrauerei gewinnbringend exportierte. Von der Fischersiedlung bis zur Stadt, die sich selbst regieren und unabhängig vom Landesfürsten ein Rathaus in der Größe einer fürstlichen Burg leisten konnte, war es ein weiter Weg. Der Heringshandel hatte den Stralsundern im 13. Jahrhundert gleichsam das ›Startkapital‹ geliefert, und die reichen Getreideernten halfen, den Wohlstand zu konsolidieren, denn Bier gehörte gleichfalls zu den Grundnahrungsmitteln.

Das Rathaus und die Ratskirche bilden städtebaulich eine Einheit. Das bauliche Vorbild für die sinnfällige Verbindung von Politik und Religion steht in der Konkurrenzstadt Lübeck. Im Unterschied dazu weihten die Stralsunder ihre wichtigste Kirche nicht der Gottesmutter Maria, sondern dem heiligen Nikolaus, dem Schutzpatron der Seefahrer und Fischer.

Mit dem Geld wuchs der Wunsch, den rügischen Fürsten loszuwerden und die erwirtschafteten Gewinne der eigenen Stadtkasse zufließen zu lassen. Doch die Landesherren von Stralsund, Wismar, Rostock und Greifswald hatten nicht vor, auf die Steuern ihrer Bürger zu verzichten. Sie merkten, was die von ihnen gegründeten Städte wörtlich genommen ›im Schilde führten‹ und verbündeten sich zwischen 1311 und 1317 im ›Fürstenbund‹ gegen ihre Städte. So kam es 1316 zu der legendären ›Entführung im Hainholz‹. Als die Fürsten vor Stralsund lagerten, überfielen die Bürger sie kurzerhand, nahmen einige als Geiseln und ließen sie erst gegen sehr hohe Lösegelder und die Zusicherung der geforderten Privilegien frei. Der Fürst von Rügen musste Stralsund enorme Zugeständnisse machen und das Recht auf eine eigene Gesetzgebung, die Befreiung von der fürstlichen Gerichtsbarkeit und die Bestätigung des Umlandes als städtisches Eigentum schriftlich niederlegen. Die Entführung im Hainholz war das letzte Armdrücken zwischen der Stadt und ihrem Fürsten. Stralsund kam kurz danach zugute, dass die rügische Fürstendynastie 1325 ausstarb und die Stadt mit Rügen nach der vertraglich festgelegten Sukzessionsfolge an das Herzogtum Pommern gelangte.

Der Frieden von Stralsund

Der nächste Konflikt mündete in einen Seekrieg. Das Königreich Dänemark war zwischenzeitlich zur skandinavischen Großmacht aufgestiegen und eroberte 1361 die Insel Gotland, ein Zentrum des Ostseehandels. Damit traf Dänemark einen Lebensnerv der niederdeutschen Hansekaufleute, für die Gotland seit dem 12. Jahrhundert ein wichtiger Stützpunkt auf der Fahrt nach Nowgorod war. Dort kauften sie orientalische Luxusgüter, chinesische und persische Seiden, Gewürze, Weihrauch und anderes im Tausch gegen flämische Tuche, Buntmetalle und Silber (Hammel-Kiesow Hanse 2000, 30f.). Die Städte reagierten zunächst mit Handelsblockaden gegen Dänemark. Als das nichts half, führte ein Bündnis von 75 Städten gemeinsam mit mehreren norddeutschen Fürsten 1368 einen Seekrieg gegen Dänemark unter Waldemar IV. Der Sieg der Hanse wurde

Eine der beiden Figuren aus Naturstein, die den repräsentativen Eingang am backsteinernen Haus der Gewerkschaft aus den späten 1920er Jahren gegenüber dem Rathaus schmücken.

Durch das vierflügelige gotische Rathaus führen zwei Durchgänge. Der Durchgang in Nord-Süd-Richtung verbindet den Alten Markt mit dem Kohl- oder Wendenmarkt, der Durchgang in Ost-West-Richtung, der Buttergang genannt wird, führt genau auf das prächtige mittlere Westportal der Ratskirche St. Nikolai zu (unten).

am 24. Mai 1370 im Stralsunder Rathaus mit der ›Friedensurkunde von Stralsund‹ besiegelt. Danach erlebten die Hansestädte einen wirtschaftlichen Aufschwung (Fritze 1961, 173–187). Die Urkunde (S. 10) mit den vielen Stadtsiegeln zeigt, dass nicht mehr einzelne Städte, sondern ein Bündnis von Städten mit Mecklenburg und Schweden, die sogenannte Kölner Konföderation, als Sieger aus dem Krieg hervorgegangen war. Mit dem Frieden von Stralsund wurde 1370 die Vorrangstellung der Hansestädte im Ostseeraum bekräftigt.

Gleichwohl ist zu bedenken, dass ›die Hanse‹ in den Stadtchroniken der eigenen Städte nur selten genannt wird, und dass selbst der ›hansische Handel‹ im Ausland nicht als solcher wahrgenommen wurde, sondern als Handel von Kaufleuten, die aus verschiedenen Städten an der Ostsee kamen (Hammel-Kiesow Hanse 2000, 17, 97ff.). ›Die Hanse‹ hat kein Anfangs- und Enddatum, sondern war ein Verband von Kaufleuten *und* Städten, der sich in den immerhin fünf Jahrhunderten seines langen Bestehens wandelte. Die Hanse ›ging nicht nieder‹, sondern wurde nicht mehr gebraucht, nachdem sich die Gesellschaft verändert hatte. Geblieben sind ihre Bauwerke, die Stadtbilder des Mittelalters.

Die Südseite des Rathauses mit der westlichen Zweiturmfront von St. Nikolai, die ebenso wie das Rathaus im 14. Jahrhundert gebaut wurde (links), symbolisiert die untrennbare Einheit von Rat und Kirche. Die rechtwinkligen, auf die Märkte und auf St. Nikolai bezogenen Durchgänge durch das Rathaus veranschaulichen die klare Quartierbildung des mittelalterlichen Stadtzentrums (vgl. Grüger in Herre 2001, 87–93).

Das typische Stralsunder Kaufmannshaus ist ein Giebelhaus mit Diele.

Alte Bürgerhäuser

Nur wenige Jahre später wäre es zu spät gewesen. Es war das 1989 von Stralsunder Bürgern gegründete Bürgerkomitee ›Rettet die Altstadt‹, dem der Abrisstop und damit die Rettung der Altstadt zu verdanken ist. Nicht zufällig steht das Rathaus neben der Kirche. Schnell scheint vergessen, dass 1989 viel Mut dazu gehörte, den politischen Protest in den Montagsdemonstrationen öffentlich auszudrücken. Rückblickend trugen die trostlosen Stadtbilder der DDR ganz wesentlich dazu bei, dass die Bürger auf die Straße gingen. Das

Bürgerkomitee ›Rettet die Altstadt‹ setzte den Staat unter Druck und zugleich den Gedanken der Modellstädte in die Welt.

Hunderte Häuser in der Stralsunder Altstadt waren 1989 in einem erbarmungswürdigen Zustand, manche waren nicht mehr zu retten. Aber nach 15 Jahren intensiver Arbeit hat sich das Stadtbild wohltuend erholt, und zwar in der Art, dass man an vielen Stellen sensibler mit den Materialoberflächen umging als in den 1970er Jahren in der Bundesrepublik. In Stralsund gab es hervorragende Handwerker, die jahrzehntelang gelernt hatten, das Vorhandene zu reparieren statt schnell abzureißen und neu zu bauen. Denn es sind die Details an Fassaden, wie Fenster, Türen, Klinken und Regenrohre, die lebendigen Oberflächen der einzelnen Bauteile sowie die Straßenbeläge, die darüber entscheiden, ob man eine Straße als wohltuenden städtischen Raum oder als anonymes Niemandsland empfindet, das wegen seiner Tristesse allenfalls zum Besprühen mit Graffiti herausfordert.

Die Grundstücke wurden im Mittelalter planmäßig in lange schmale Streifen parzelliert. Die Ausgrabungen zeigen, dass die Bürger nach den dramatischen Erfahrungen mit Stadtbränden nach der Vorschrift des Lübischen Baurechts gemeinsame Brandmauern errichteten (Schneider Kat. Macht 2002, 18). Die Bauweise richtete sich nach der Funktion der Häuser. Deshalb war der verbreitetste Haustyp der Stralsunder Hansezeit wie in Lübeck und Wismar das Giebelhaus, das dicht gereiht nahezu alle Hauptstraßen der Stadt säumte. Trotz der Umbauten späterer Jahrhunderte konnten die Archäologen an vielen Stellen durch Flächengrabungen den typischen Hau-

Lange vor der Wende gab es in Stralsund Privatleute, die Häuser wie das hier gezeigte in der Frankenstraße in jahrzehntelanger Eigenarbeit retteten. Der Eigentümer dieses Hauses öffnet seine Diele und seinen liebevoll gestalteten Innenhof für interessierte Besucher.

Seit 1994 hat die Deutsche Stiftung Denkmalschutz ein ›Bürgerhausprogramm‹ entwickelt, das in enger Zusammenarbeit mit der Stadt viele ähnliche Häuser in Stralsund mit gerettet hat.

Das rote Scheelehaus in der Fährstraße 23–24 wurde nach dem hier geborenen Entdecker des Sauerstoffs, dem Apotheker Carl Wilhelm Scheele, benannt. Das Haus Nr. 23 entstand im 14. Jahrhundert als Dielenhaus und wurde im 17. Jahrhundert in Spätrenaissance-Formen erweitert. Als man die Fassade Anfang der 1980er Jahre sanierte, rekonstruierte man die im 19. Jahrhundert veränderte Fassade nach dem überlieferten Zustand der Spätrenaissance.

Zur gleichen Zeit wurde das benachbarte Giebelhaus Nr. 24 saniert. Dort gab man dem unteren Bereich wieder seine ursprüngliche mittelalterliche Gestalt, während am Giebel die Umgestaltungen aus dem 17. und 19. Jahrhundert erhalten wurden.

Die Vielgestaltigkeit der Giebelhäuser in Stralsund zeigt, welch unterschiedliche Formen das Ausgangsmaterial Backstein hervorzubringen vermag.

styp mit Vorderhaus, Seitenflügel und Hof nachweisen (vgl. das Museumshaus S. 96). Die Grabungen zeigten auch den hohen Wohnstandard in den Kaufmannshäusern. Worüber man wenig weiß, das sind die Kellerverschläge und Budenbebauungen in den Nebenstraßen und an der Stadtmauer, in denen ärmere Bürger, Tagelöhner und Randgruppen wohnten (Fritze 1961, bes. 64–65, u. 171 f.). Im Unterschied etwa zu Lübeck war in Stralsund der Anteil an Buden, gemessen an den Giebelhäusern, wohl geringer.

Die Bedeutung der Hanse nahm zwar nach dem Stralsunder Frieden 1370 allmählich ab, weil sich die Gesellschaft wandelte und sich die Märkte in Europa verlagerten, aber die Bautradition prägte mehr als drei Jahrhunderte bis ins 17. Jahrhundert hinein die Stadt. Stralsund kam im Dreißigjährigen Krieg vermutlich weniger zu Schaden als Wismar, aber ähnlich wie Wismar litt das mittelalterliche Stadtbild unter den Folgen des Krieges. Denn auch Stralsund gehörte zu Vorpommern (vgl. S. 43) und wurde im Westfälischen Frieden 1648 dem Königreich Schweden zugeordnet. Stärker noch als Wismar wurde Stralsund damit als wichtigster Brückenkopf Schwedens auf dem Festland zwangsläufig in alle machtpolitischen Interessen der Nachbarn hineingezogen. Auch die stärksten Festungsmauern konnten die Kanonen nicht aufhalten, die 1678 einen Großteil der mittelalterlichen Stadt trafen (Schneider Kat. Macht 2002, 19). Dieser Zerstörung durch Waffen folgten mehrere Stadtbrände. Ende des 17. Jahrhunderts waren viele Backsteinhäuser verschwunden, Brachen prägten mehrere Straßenzüge.

Als Festungsstadt und schwedische Provinzhauptstadt erholte sich Stralsund langsam im Laufe des 18. Jahrhunderts. Auch die Preußen bauten die Stadt ab 1815 weiter zur Festung aus. Alle Baumaßnahmen fanden innerhalb des mittelalterlichen Mauerrings statt. Erst als der Festungsstatus 1871 aufgegeben wurde, entstanden die ersten Häuser außerhalb der Altstadtinsel.

Das nach dem 17. Jahrhundert langsam wieder aufgebaute und bis ins 19. Jahrhundert dicht geschlossene Stadtbild wurde durch einen einzigen Bombenangriff am 6. Oktober 1944 schwer beschädigt. Die Bombenlücken und Narben durch später abgerissene und eingestürzte Häuser wurden an einigen Stellen jüngst durch ambitionierte Neubauten geschlossen. Stralsunds Baugeschichte zeigt, dass Bauen auch dauern darf.

Neubauten interpretieren und variieren die hansischen Baukonzepte.

Neue Bürgerhäuser

Einen Blickfang auf der Hafeninsel bildet die von orangefarbenen Holzplatten und Glas bestimmte Fassade eines Architekturbüros in der Hafenstraße 12b. Das Gebäude entstand 1997 und hat inzwischen fünf Architekturpreise erhalten. An der Fassade und im Inneren hat man bewusst die Konstruktionsdetails sichtbar gelassen.

Mit Recht sind viele Stralsunder stolz auf das alte Stadtbild. Baulücken und leere Flächen erinnern aber schmerzlich daran, dass im Krieg und den Jahrzehnten danach Vieles unwiederbringlich verloren ging. Verständlich ist daher der Wunsch vieler Bürger, das heile, alte Bild wieder herzustellen. Aber das gibt es nicht mehr.

Stadterneuerung war immer eine Aufgabe, die mehrere Generationen dauerte – dauern musste, sollte man formulieren, denn nur so kann man auf Veränderungen in der Bevölkerungsstruktur reagieren. In alten Städten wie Stralsund mit einem großen Bestand an denkmalwerter Substanz ist es nicht damit getan, alles möglichst schnell zu sanieren, denn mit jeder Wiederherstellung muss man nach einer angemessenen Nutzung suchen. Genau das ist problematisch in einer Region, die an Baudenkmalen reich, aber an Bürgern arm ist. Die Bevölkerung in Stralsund nimmt seit Jahren ab, junge Leute ziehen dort hin, wo sie Arbeit finden. Alte Stadtkerne wie Stralsund überleben nur, wenn die Frage nach ihrer zukünftigen Funktion beantwortet werden kann. Keine Stadt kann mit Geschäfts- und Büroflächen allein bestehen. Lebendig ist sie nur, wenn Menschen dort dauerhaft wohnen bleiben.

1990 wurde Stralsund neben Brandenburg, Weimar, Meißen und Halberstadt als Modellvorhaben der Stadterneuerung ausgewählt und begann als erste Stadt in Mecklenburg-Vorpommern mit der Stadtsanierung nach dem Baugesetzbuch. 1993 wurde diese Sonderförderung beendet, die Bundesmittel flossen geringer. Parallel dazu wurden andere Modelle und Programme entwickelt, auch mit Hilfe der Deutschen Stiftung Denkmalschutz. Wer Stralsund heute erlebt, sieht ein sensibles, zuweilen spannungsvolles Nebeneinander von Alt und Neu, oft sehr mutig und von hoher Qualität. Die jungen Familien jedenfalls fühlen sich wohl. Sie haben die Werte ihrer Stadt erkannt und wollen deshalb bleiben.

Diese Reihenhäuser übernehmen die schmale Fassade der hansischen Giebelhäuser und richten sich in der Detailgestaltung nach heutigen Wohnansprüchen.

Oben: Hofseite von Giebelhäusern in der Frankenstraße.

Ein Giebelhaus konserviert die Patina aus rund 700 Jahren des Wohnens.

Das Museumshaus

Der Eingang zum Museumshaus verbirgt sich zwischen zwei früher als Krambuden genutzten ›Utluchten‹ (Vorbauten), die heute, ganz in der kaufmännischen Tradition, an einen Kräuter- und einen Spielzeugladen vermietet sind. Diese Utluchten wurden im 17. Jahrhundert straßenseitig angebaut.

Von diesem Haus zu schwärmen, es sei einzigartig, ist nicht übertrieben. Das Museumshaus in der Mönchstraße 38 veranschaulicht wie kein anderes Wohnhaus die Kontinuität von 700 Jahren Leben und Arbeiten an einem Ort. Das Haus ist nicht groß, aber voller Eindrücke. Es erzählt auf seine Weise Geschichten über das Wohnen.

Deshalb klingt ›Museumshaus‹ auch zu kopflastig. Seinen Kopf sollte man hier nämlich in der Worte doppelter Bedeutung schonen. Zum einen muss man ihn auf den hölzernen Stiegen oft einziehen, weil die Balken einfach stärker sind, und zum anderen wird er damit auf symbolische Weise gebeugt. Im Museumshaus muss man nicht viel lesen, sondern klettern. Aber langsam. Das ist wichtig, nicht nur für den Kopf, sondern für den Informationsfluss.

In dieser Langsamkeit erschließen sich die dreidimensionalen Bilder der Vergangenheit, die Raumeindrücke, die Vorstellung vom Leben in niedrigen, kleinen Stuben mit kleinen Fenstern, mit so ganz anderen Lichtverhältnissen als draußen auf der Straße. Der Geruch nach Holz, das Knarren der Dielen und das dumpfe Geräusch der eigenen Schritte wirken so suggestiv, dass das ehemalige Krämerhaus selbst zu sprechen beginnt. Aber man muss ihm und sich Zeit lassen und die belebte Einkaufstraße hinter sich lassen. Kinder können in den verwinkelten Räumen mit all ihren Sinnen mehr über das Wohnen in Stralsund erfahren als in einer Schulstunde.

Hier haben bis 1979 Menschen gewohnt und gearbeitet, und zwar über einen Zeitraum von bald 700 Jahren. Die ältesten Balken im Keller wurden um 1320 verbaut, und die letzten Mieter zogen 1979 aus, weil das Gebäude in einem derart abgewohnten Zustand war, dass es reif für den Abriss schien. Die Mieter hinterließen das, was man gemeinhin als leergeräumtes Haus bezeichnet und die Erbengemeinschaft konnte das baufällige Gebäude verständlicherweise nicht aufwendig sanieren. So stand es zehn Jahre leer. Die Eigentümer schenkten es der Deutschen Stiftung Denkmalschutz, die es sanierte und am 2. November 1999 der Hansestadt Stralsund als ›größtes Exponat‹ des benachbarten Kulturhistorischen Museums (S. 102) übergeben konnte.

Was die Archäologen und Bauforscher zwischen 1996 und 1999 an Informationen aus dem vermeintlich leeren Gebäude herauszuholen vermochten, lassen nicht nur die Funde erahnen, die hinter Einbauschränken und aus Dielenritzen zum Vorschein kamen und von denen einige in den Vitrinen liegen. Weil die Deutsche Stiftung Denkmalschutz bei gemeinsamen Überlegungen mit Denkmalpflegern und Museumsleuten beschloss, dieses bauhistorisch wertvolle Haus auf eine besondere Weise zu behandeln, nur weil man den Bauforschern in diesem Fall mehr Zeit als bei üblichen Bausanierungen lassen konnte und man mit vereinten Kräften ein Konzept entwickelte, nur deshalb konnte man so umfangreiche wissenschaftliche Erkenntnisse gewinnen.

Oft verlangt die Öffentlichkeit nach optisch sichtbaren Fortschritten, gerade in einer alten Stadt wie Stralsund, in der die Schäden im Stadtbild die Bewohner verständlicherweise bedrücken. Aber ebenso wie sich das Wesen des Museumshauses nur mit Muße erschließt, braucht auch Denkmalpflege Zeit. Hier ging es darum, die Spuren der natürlichen Abnutzung und Alterung sichtbar zu belassen und sie eben nicht zu entfernen. Damit macht man das Gegenteil von dem, was sich Investoren unter einer Sanierung vorstellen. Aber mit schnellen Sanierungen richtet man oft mehrfachen Schaden an. Zum einen entsteht dadurch in der Öf-

Verwirrende Verschachtelungen: Der Museumsbesucher erklettert sich die Informationen des Museumshauses im Hinaufgehen von der Diele durch die Lagerböden bis in den Spitzboden. Durch dieses langsame Gehen durch die Zeitschichten erschließen sich mehrere Ebenen.

fentlichkeit das Bild, Denkmalpflege bedeute, alles neu zu machen. Zum anderen zerstört man durch unsachgemäße Modernisierungen architektonische Urkunden. Was man heute über die frühe Hansezeit weiß, als es wenig Schriftliches gab, ist meist der Archäologie und Bauforschung zu verdanken. Da Zeit- und Finanzdruck aber Forschung und Dokumentation oft nicht zulassen, ist unser Wissen über die nicht schriftlich festgehaltenen Zeiten so spärlich. Was sich wirklich in der Frühzeit der Städtegründungen an der Ostseeküste abspielte, darüber weiß man sehr wenig. Mit der ungewöhnlichen Konservierung und Auswertung des Museumshauses wollte die Deutsche Stiftung Denkmalschutz deshalb ein Signal setzen. Insofern hat diese Musterkonservierung auch eine politische Dimension.

Das wissenschaftliche Konzept für das Museumshaus ist vielschichtig. Es ist auch für Menschen verständlich, die einfach nur mal reinschauen wollen. Hier wird gezeigt, dass feuchtete Keller, schwammbefallene Mauern und morsche Balken mehr als wertlose Gegenstände sind, die es auszutauschen gilt. Es sind Informationsträger, die man befragen, reparieren und weiterverwenden kann. Auch wenn sie für die letzten Bewohner wertlos waren, können sie in einem neuen Sinnzusammenhang ein anderes Thema erschließen. Wenn man normalerweise ein altes Haus saniert und den heutigen Wohnbedürfnissen anpasst, werden die Informationsschichten der Vergangenheit – wie Balken, Fußböden, spätere Einbauten, Rohre und Leitungen – überdeckt oder zerstört. Denn wer Arbeit, Zeit und Geld in ein Haus steckt, will sein eigenes, neues Bild erschaffen. Dass aber ein Haus mit jeder Bewohnergeneration seine Funktion und Atmosphäre ändert, gerät mit jeder Sanierung in Vergessenheit.

Ohne Sentimentalität und ohne Wertung, dass es früher besser oder schlechter, primitiver oder romantischer, arbeitsreicher oder gemütlicher zuging, regt das Museumshaus an, über die eigene Zeit zu reflektieren. Wenn man dann wieder auf die Mönchstraße hinaustritt, ist man irritiert über die vielen Dinge, die eine moderne Straße ausmachen. Das ist durchaus ein gewollter Effekt.

Archäologie des Alltags: Die noch bis 1979 benutzte ›Schwarzküche‹ (oben) im ersten Obergeschoss mit originalem Herd, alten Strom-, Gas- und Wasserinstallationen. Wie sich unser Leben innerhalb von zwei bis drei Generationen radikal änderte, zeigt auch die Küche (rechts). Ältere Frauen können noch davon berichten, wie es war, ohne fließend warmes Wasser, Spülmaschine, Kühlschrank und Heizung die Großfamilie zu versorgen.

Mehr als nur ›Kleinigkeiten‹ und alter Kram: Die Restauratoren präparierten mehr als 20 Tapetenschichten aus den Stuben und machen das Nebeneinander von Materialien und Mustern deutlich. In Ritzen und Spalten fanden die Denkmalpfleger in dem vermeintlich leeren Haus Alltagsgegenstände, die es teilweise heute nicht mehr gibt, darunter Haarnadeln, hölzerne Wäscheklammern, Kämme, Tabletten und Knöpfe.

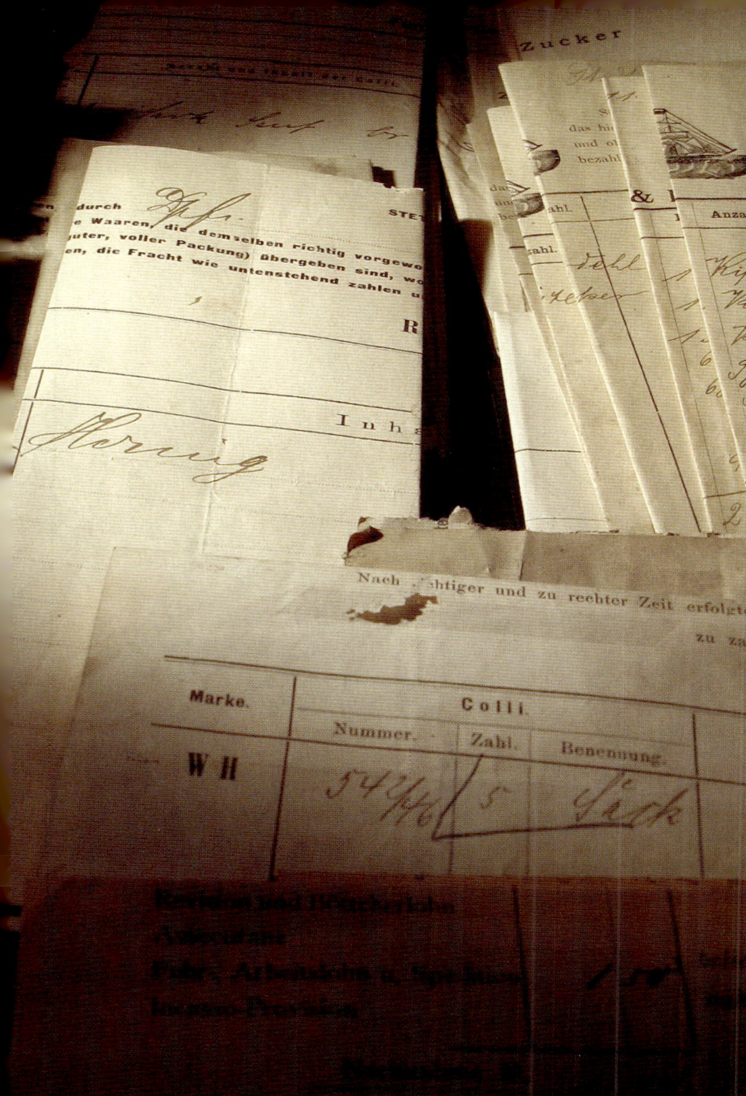

Je höher man im Museumshaus klettert, desto tiefer scheint man in die Vergangenheit hinaufzusteigen. Auf den oberen Speicherböden ist man nur noch umgeben von den ursprünglichen Baumaterialien und Oberflächen des Mittelalters. Erinnerungen an den Boden der Großmutter werden wach. Eine Rarität ist das funktionsfähige gotische Aufzugsrad im Spitzboden, das durch alle Jahrhunderte funktionierte und auch während der Sanierung hilfreiche Dienste tat. Fässer und Säcke waren bis ins 20. Jahrhundert das wichtigste Verpackungs- und Transportmaterial. Alte Lieferscheine verweisen darauf, dass der Verkauf von Hering bis ins 20. Jahrhundert hinein ein wichtiger Erwerbszweig war.

Im ehemaligen Katharinenkloster wird Stadtgeschichte lebendig.

Das Kulturhistorische Museum

Mit Besuchermassen hat das Kulturhistorische Museum Stralsund wie alle Kunstmuseen im Unterschied zu dem benachbarten Meeresmuseum nicht zu kämpfen. Beide Museen teilen sich die ausgedehnten Räumlichkeiten des ehemaligen Katharinenklosters in der Mönchstraße, schräg gegenüber des Museumshauses, das ebenfalls zum Kulturhistorischen Museum gehört. Familien mit Kindern zieht es zum Schildkrötenbecken und zu den Walfischskeletten in der ehemaligen Klosterkirche, während die stimmungsvollen Räume des Kulturhistorischen Museums ein Publikum anziehen, das anhand von Ausgrabungsfunden und Kunstwerken in die wechselvolle Geschichte Stralsunds eintauchen will. Beide Aspekte machen die Seestadt Stralsund aus. Die aus verschiedenen Sammlungen bestehenden und sensibel präsentierten Exponate bilden gemeinsam mit dem unverzichtbaren Stadtarchiv das stille Gedächtnis der Stadt.

Die Exponate kommen von Ausgrabungen, aus Sammlungen und Kirchen. Die Zahl der ursprünglichen Bildwerke in den Kirchen Stralsunds war höher als es heute den Anschein hat. Dazu nur einige Zahlen: Während in der Ratskirche St. Nikolai einst 56 Altäre aufgestellt waren, sind für St. Marien 44 überliefert, in St. Jakobi waren es 30 und in den Klöstern der Franziskaner und Dominikaner jeweils 18, weitere Altäre und etliche andere Ausstattungsstücke standen in kleineren Kirchen (Witt in Herre 2001, 119). Davon ging Vieles mit Einführung der Reformation beim

Auf die hohe Kunstfertigkeit mittelalterlicher Werkstätten in Stralsund verweisen feinste Schnitzereien wie dieses hölzerne Chorgestühl aus St. Jakobi, das im Kreuzgang des Kulturhistorischen Museums Stralsund aufgestellt ist.

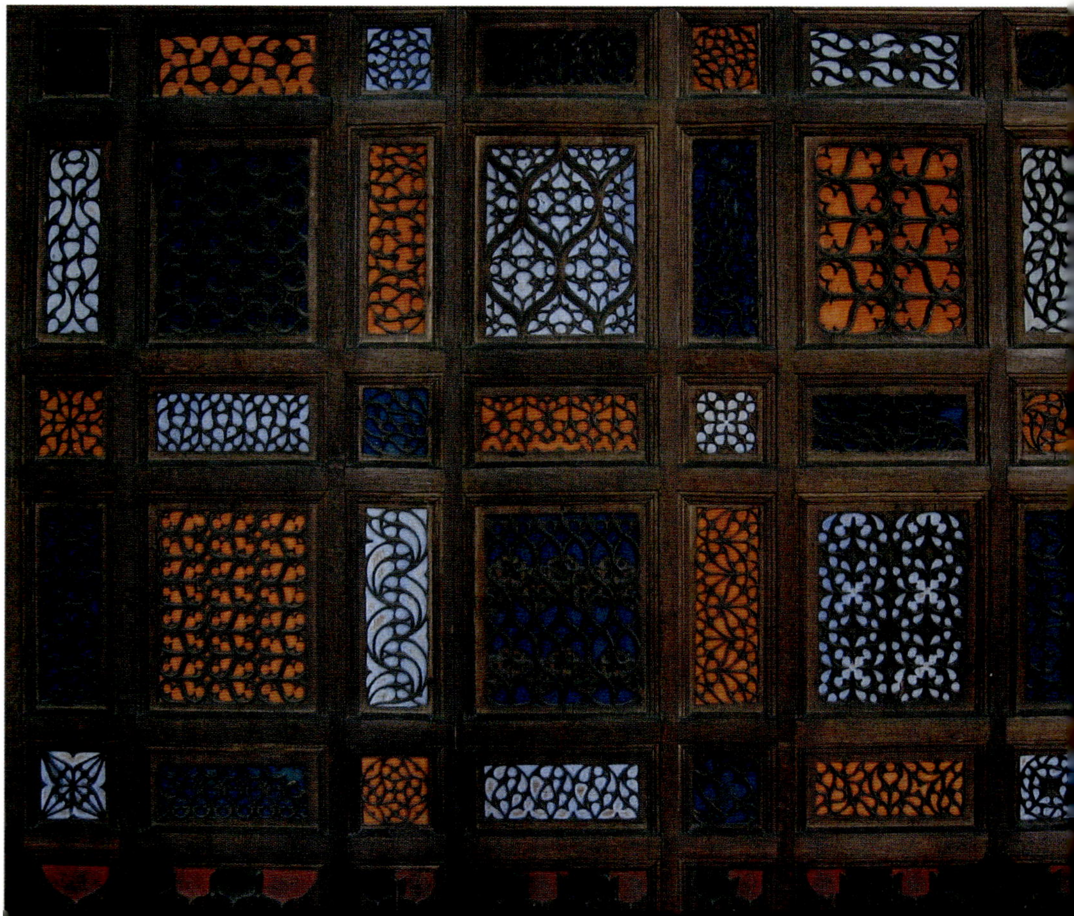

Detail aus einer gotischen Altarschnitzerei (um 1500) im Kulturhistorischen Museum Stralsund.

Stralsunder ›Kirchenbrechen‹ 1525 verloren, anderes wurde in den Jahrhunderten danach entfernt, weil man es nicht mehr brauchte, wieder anderes wurde im Zweiten Weltkrieg zerstört. Der Grundstock für die im Kulturhistorischen Museum gehüteten Schätze kam 1761 mit der Sammlung des schwedischen Generals Axel Graf von Löwen. Zunächst im Rathaus untergebracht, zogen seit 1924 einige Sammlungsbereiche aus dem 1858 gegründeten ›Provinzialmuseum‹ in die Räumlichkeiten des Katharinenklosters um.

Der Klosterkomplex liegt im Stadtzentrum der historischen Altstadtinsel Stralsunds. Mit der mächtigen Dachfläche der Katharinenkirche bestimmt das Gebäude die Stadtsilhouette. Es entstand um 1250 als Dominikanerkloster auf einem von Fürst Jaromar II. von Rügen gestifteten Gelände am westlichen Rande der jungen Stadt. Für die dreischiffige Hallenkirche ist 1287 eine Weihe durch den Bischof von Schwerin überliefert, die sich vermutlich auf den Chor bezieht. Damit war sie zeitgleich wie St. Nikolai im Bau und wird wohl im ersten Viertel des 14. Jahrhunderts vollendet gewesen sein. Im Laufe der nächsten Jahrhunderte wurde das Kloster vergrößert und entwickelte sich zu einem der bedeutendsten Dominikanerklöster im Norden Deutschlands. Mit der Reformation gelangte es in den Besitz der Stadt und diente seit 1559 als Schule und Waisenhaus.

Die ehemaligen Klosterräume werden von gotischen Sterngewölben aus Backstein geschmückt.

Der gotische Glasbecher aus feinstem venezianischen Glas und Emailbemalung entstand im frühen 14. Jahrhundert. Archäologen fanden ihn 1993 in der Kloake eines Kaufmannshauses am Neuen Markt 7/8 (Neubau der Stadtsparkasse).

Rechte Seite: Kirchliche Ausstattungsstücke wie diese Anna Selbdritt wurden von St. Nikolai ins Kulturhistorische Museum Stralsund gebracht. Diese Eichenskulptur entstand Ende des 15. Jahrhunderts in den nördlichen Niederlanden, vermutlich in Utrecht.

Der Flügelschlag der Vögel scheint sich in der Wellenform dieser in Stralsund hergestellten Fayencefliesen zu wiederholen. Höchst qualitätvolle Fliesen wie diese und die Fayencen verweisen auf die enge Verbindung der Stralsunder Kaufleute nach Flandern und die Niederlande.

Rechts: Feine Stralsunder Fayencenmalerei auf einer barocken Tischplatte.

Detail einer Kartusche, die die Fassade an einem der prachtvollen Barockschränke im ehemaligen Kreuzgang des Museums bekrönt.

Detail einer Brettspielkassette (um 1650), wohl von Adam Eck aus Eger, Holzintarsien.

Ein Bereich im ersten Obergeschoss des Kulturhistorischen Museums Stralsund informiert über die Geschichte der Spielkarten, die in Stralsund seit 1765 hergestellt wurden. Die Hansestadt wurde nach 1872 überregional bekannt als Sitz der ›Vereinigten Stralsunder Spielkarten AG‹, die bis 1908 neun weitere Fabriken übernahm und bis nach dem Ersten Weltkrieg überaus erfolgreich war.

An Alltagsgegenständen wie den Stralsunder Spielkarten wird im Kulturhistorischen Museum Sozial- und Firmengeschichte lebendig. Die Geschichte der Stralsunder Spielkartenfabriken begann, als der als Graveur bei der schwedischen Münze beschäftigte Johann Caspar Kern aus Stralsund von der Schwedischen Regierung am 25. Oktober 1765 die alleinige Konzession zur Herstellung von Spielkarten erhielt und eine Spielkartenfabrik gründete. Nach Kerns Tod ging die Fabrik am 9. Juli 1793 in das Eigentum des Kaufmanns Georg Friedrich Schlüter über. Die Fabrik befand sich im Hause Heilgeiststraße 61. Nach Schlüters Tod übernahm sein Schwiegersohn Ernst Joachim Leopold von der Osten 1823 die Fabrik. 1859 übergab er sie wiederum seinem Schwiegersohn Carl Ludwig von Zansen. Die Karten wurden unter der Firmierung ›v.d. Osten Stralsund‹ verkauft. Mitte des 19. Jahrhunderts gründeten weitere Stralsunder Bürger Spielkartenfabriken, so etwa Ludwig Heidborn und Gustav Friedrich Diekelmann, dessen Firma von seinem Sohn Eugen und Theodor Wegener übernommen wurde. Am 1. Oktober 1872 schlossen sich die drei größten Hersteller zur ›Vereinigten Stralsunder Spielkartenfabriken AG‹ zusammen. Das Kontor wurde im Haus Knieperwall 1a eingerichtet, weitere Neubauten kamen später hinzu.

Auch die Wohnkultur des 20. Jahrhunderts findet im Museum ihren Platz: Nach der Zerstörung vieler Wohnhäuser im Zweiten Weltkrieg versuchte man, der Wohnungsnot durch vorgefertigte Bauteile entgegenzuwirken. In der Architektur wie in der Möblierung der Wohnungen wurde eine zeitsparende Typisierung weiterentwickelt.

Eine ebenso unterhaltsame wie sozialkritische Installation bildet im Museum die bis ins Detail nachgestellte Raumabfolge von bürgerlichen Wohnzimmern Stralsunds im Wandel der Jahrzehnte. Die Zimmer beginnen im späten Mittelalter, führen über die vollgestellten biedermeierlichen Wohnzimmer bis zum modernen Wohnzimmer der 1970er Jahre in der DDR, für das Anbaumöbel erstmals so konstruiert wurden, dass man Einzelteile je nach Geschmack, Bedarf und Geldbeutel zusammenstellen konnte. Bei gleichen Grundtypen wurden dadurch relativ individuelle Einrichtungen möglich. Neben Holz und Glas wurden Plexiglas, Metall, Kunststoffe und Folien verwendet. Im Vergleich mit Katalogen von heute hat sich an den Grundbestandteilen wenig geändert.

Der im Stralsunder Möbelwerk zwischen 1962 und 1970 hergestellte 22-teilige Montagesatz der Serie ›Sybille‹ erfreute sich als sogenanntes Schwedenmöbel allgemeiner Beliebtheit.

Die mittelalterliche Stadtkirche ist bis heute ein Haus der Bürger.

St. Nikolai

Sankt Nikolai in Stralsund ist ›die Bunte‹. Wer Wismar und Stralsund hintereinander besucht, vielleicht noch weitere Hansestädte mit ihren jeweils drei Stadtpfarrkirchen in die Reise ›einschiebt‹, und wem dabei nach wenigen Tagen die Zuordnung der Patrozinien von Marien- und Nikolaikirchen die Gedanken blockiert, dem sei auf diese Weise geholfen. St. Nikolai in Stralsund ist die Backsteinkirche, deren Innenraum die auffälligste Farbfassung aufweist. Derartige Eselsbrücken mögen den Kenner schockieren; er möge aber Gnade vor Fachwissen ergehen lassen, denn einfache Formulierungen helfen zuweilen dem erstmaligen Besucher, sich die Eigenheiten besser merken zu können und sich dem eigentlichen Wesen der Details zuzuwenden. Denn St. Nikolai ist mit seiner reichen Ausstattung ein Bau von hoher kunstgeschichtlicher und architektonischer Bedeutung.

Das Eigenwillige an der Farbfassung des Innenraums besteht darin, dass die Farben nicht der Architekturgliederung folgen, sondern die Horizontale verstärken, während die gotischen Rippen die Vertikale, das Streben in die Höhe zu betonen suchen. Die Ausmalung wurde nach Befunden der ersten Farbfassung in den Jahren nach 1980 rekonstruiert. Die ältesten Chormalereien entstanden im ersten Drittel des 14. Jahrhunderts, die jüngsten im frühen 15. Jahrhundert. In den Achsen der Scheidarkaden fallen plastische Kopfkonsolen auf, die sich auf den Pfeilerflächen als gemalte Gestalten fortsetzen (Bild rechte Seite). Dieses sind die erhaltenen Reste einer ungewöhnlichen mittelalterlichen Pfeilergestaltung mit Bürgern und Heiligenfiguren, deren Köpfe plastisch herausgearbeitet sind. Im Mittelalter waren an allen Langhauspfeilern je zwei derartige Figuren angebracht.

Der Blick auf Stralsund vom Turm von St. Marien zeigt, wie die Hauptpfarrkirche St. Nikolai die Giebelhäuser und das benachbarte Rathaus überragt. Rechts im Bild die kleinere Jakobikirche, die derzeit saniert und als Konzert- und Ausstellungssaal genutzt wird. Im Vordergrund der rechteckige Neue Markt, von dem die Mönchstraße mit dem Kulturhistorischen Museum im vormaligen Katharinenkloster abgeht. In der Mönchstraße 38 steht das Museumshaus.

Das Mittelschiff der dreischiffigen Basilika ist zweizonig aufgebaut. Über einer hohen Arkadenzone erhebt sich ein fast ebenso hoher Obergaden. Die bemalte Holzbrüstung wurde in nachmittelalterlicher Zeit hinzugefügt.

Die dreischiffige Basilika mit Umgangschor und Kapellenkranz ist 85 Meter lang und im Mittelschiff fast 30 Meter hoch. Sie hatte einen Vorgängerbau, über den man aber wenig Genaues sagen kann. Die heutige Kirche wurde um 1270 begonnen. Aus dem Stadtbuch geht hervor, dass der Rat zwischen 1272 und 1276 eine Getreidespende für den Bau erhalten hat (Huyer in Herre 2001, 79). Mit der Datierung ›um 1270‹ gilt St. Nikolai als einer der frühesten Nachfolgebauten des Lübecker Domchores, der vor 1266 nach dem nordfranzösischen Kathedralbauschema begonnen und etwa bis Kapitellhöhe der Chorkapellen hochgemauert wurde, bis er seit 1277 wegen Streitigkeiten ruhte. Namentlich die Kathedralen in Quimper und Soissons waren Vorbilder für den Kathedralbau dieser Zeit, wobei die Leistung der Baumeister an der Ostseeküste darin bestand, das französische Bauschema auf das kleinteilige Modul Backstein zu übertragen. Als der Rat der Stadt Lübeck wenige Jahre später, um 1280, mit seiner Marienkirche begann, werden sich die Ratsherren beider Städte mit Sicherheit über ihre Großbaustellen ausgetauscht haben. Die tatsächliche Reihenfolge der großen Stadtpfarrkirchen in den jungen Ostseestädten wird enger miteinander verwoben gewesen sein als es die einfache lineare Richtung von den ›Vorbildern‹ in Lübeck zum ›Nachfolgebau‹ in Stralsund in der älteren Forschung suggerieren mag. In der praktischen Wirklichkeit wird es sich eher um wechselseitigen Erfahrungsaustausch zwischen zeitgleich laufenden Baustellen in den Ostseestädten Lübeck, Wismar und Stralsund gehandelt haben (Huyer in Herre 2001, 83). Wenn heute eine Bank in Frankfurt ein Hochhaus plant, sind die Architekten auch genau darüber informiert, welche großen Gebäude in den nächsten zehn Jahren in anderen Städten projektiert sind. Im 13. Jahrhundert waren die Verbindungen der Kaufleute entlang der Küste mindestens ebenso eng, ihre Baumeister, heute ›Stararchitekten‹, waren nur wenige, und man kannte sich.

Die Kirche der Bürger

Der aufwendige, richtungweisende Bau von St. Nikolai und seine Ausstattung wurden von Ratsmitgliedern, Zünften, Spenden und Stiftungen von Bürgern bezahlt. Noch Anfang des 16. Jahrhunderts sind 56 Altäre für St. Nikolai überliefert, und trotz großer Verluste sind bis heute außergewöhnliche Einzelstücke erhalten. Die Ratskirche war der Ort, an dem sich das bürgerliche Gemeindeleben abspielte und man alles erfuhr, was wichtig war oder schien. Hier tagte der Rat, hier empfingen die Ratsherren in ihren eigenen, reich beschnitzten Gestühlen die Gesandtschaften anderer Hansestädte. Hier wurden jährlich die Stadtgesetze von der Kanzel verlesen, neue Steuern und das Verbot von Duellen und Schlägereien verkündet, Regelungen für das Bierbrauen erlassen, Reise- und Wegevorschriften mitgeteilt. Hier befanden sich das Ratsarchiv und die Schreibstube des Stadtschreibers (Hacker in Herre 2001, 100 f.). Bis zur Reformation war diese Kirche der repräsentativste und ›heiligste‹ Raum der Stralsunder Bürger.

Der barocke Engel unter dem Singepult (1706) jubelt mit Begeisterung der Gemeinde entgegen, »Alles was Odem hat, lobe den Herrn, Halleluja!«

Im Stadtarchiv von Stralsund werden 542 Testamente aufbewahrt, in denen Bürger ›ihre‹ Nikolaikirche zwischen 1311 und 1624 mit allem, was ihnen wert und teuer war, bedachten (Hacker in Herre 2001, 97). Die Listen der Dinge sind anrührend, die Formulierungen machen Personengeschichten lebendig. Die Spender dachten alltagspraktisch: So vermachte Greta, die Witwe des Ekbert Vestfali, der Kirche 1000 Steine zum Bau des Turmes, und der Ratsherr Matthias Behn stiftete zusätzlich zu einer Feuerpfanne jährlich 6 Mark für die Kohlen und eine Mark für den Diener, der dafür zuständig war. Jakob von Hiddinghe vermachte der Kirche 1422 seinen Hof und seinen Kohlgarten, Heinrich Ecko von Northeim gab sein Brevierbüchlein für die Bücherei, Peter Halesten 1474 sein Schiff, und Heinrich Peccatel 1479 seine Armbrust und einen Eisenhut. Geseke Krudes vererbte dem Marienbild ihre Korallenschnur, ihren besten silbernen Gürtel für den Bau, und ihre beiden liebsten Betten mit Kissen. Für das Orgelwerk gab die Witwe Ilsebe 1504 ihre größte Zinnkanne (weiteres bei Hacker in Herre 2001, 98 ff.).

Mehr als die Hälfte des gestifteten Geldes sollte für die Kirche, meist für den Bau verwendet werden, 125 Personen bestellten mit dem Erbe eine Begräbnisstätte an einem bevorzugten Platz, sei es nahe bei einer liebgewonnenen Heiligenfigur oder unter der Türschwelle. Überraschenderweise hat die 1524/1525 in Stralsund eingeführte Reformation nicht dazu geführt, dass die Bürger ihrer Kirche nichts mehr vermachten. Je mehr man über die Geschichte und das Zustandekommen der vielen einzelnen Kunstwerke in St. Nikolai erfährt, desto mehr verlassen sie die Ebene des Kunstwerks und verschmelzen mit der Geschichte des Kirchenbaus und der Menschen.

An der Identifikation der Stralsunder Bürger mit ihrer Kirche hat sich wenig geändert. Gleichwohl ist die Gemeindestruktur keineswegs mit früheren Jahrhunderten vergleichbar. Jede noch so engagierte Gemeinde ist heute mit der Erhaltung einer Kirche in dieser Größenordnung überfordert. Ohne die staatliche Hilfe, Spenden und den regen Förderverein von St. Nikolai wäre die Kirche verloren. Deshalb stellte auch die Deutsche Stiftung Denkmalschutz seit 1994 mehr als 610 000 Euro zur Verfügung. Damit wurden die Restaurierung der astronomischen Uhr (rechts) und die Arbeiten am Hochaltar unterstützt, die Sanierung am Nordturm fortgesetzt und die Orgelrestaurierung begonnen. Die Stralsunder selbst tragen den wichtigsten Teil dazu bei, der nicht in Geld zu beziffern ist.

Zifferblatt der astronomischen Uhr im Chorumgang. Die lateinische Inschrift lautet: »Im Jahre 1394, am Tage des Heiligen Nikolaus, wurde dieses Werk von Nikolaus Lilienfeld vollendet. Betet für den Verfertiger und Stifter, welche es mit Fleiß geschaffen haben.«

Blick in das südliche Seitenschiff nach Osten, in den Umgangschor mit Kapellenkranz hinein. Der im Hintergrund sichtbare Laufgang im Bereich der Chorkapellen ist eine singuläre Entwicklung der Stralsunder Baumeister.

Die geschnitzten und farbig gefassten Relieftafeln vom Gestühl der Nowgorodfahrer entstanden zwischen 1380 und 1400. Mit großer Detailfreude wird der Handelskontakt zwischen Stralsunder Kaufleuten und russischen Jägern geschildert. Eichhörnchen bevölkern den Wald, Hunde begleiten die konzentriert mit stumpfen Pfeilen auf Pelztiere schießenden Jäger, abgerichtete Bären helfen bei der Honigsuche. Später bringen die Jäger die Luxuswaren zum hansischen Kontor in Nowgorod. Stralsund war ein wichtiger Umschlagplatz für den großen russischen und innerasiatischen Markt.

Die überlebensgroße, ursprünglich farbig gefasste Stralsunder Anna Selbdritt (um 1260) gilt als älteste heute in St. Nikolai ausgestellte Skulptur. Sie besteht aus Stuck und Eichenholz und steht in der zweiten nördlichen Chorumgangskapelle. Sie wurde, wohl im Auftrag des Rates, für die Annenkapelle geschaffen; das ist die Vorhalle, in die man gelangt, wenn man die Kirche vom Markt her betritt. Gesichter und Haltung verweisen stilistisch nach Reims, Stuck und Gewandfalten nach Sachsen.

Der Ausschnitt aus dem Altar der Bürgermeister (um 1510) zeigt die Kreuzabnahme. Der Altar entstand in einer Stralsunder Werkstatt und steht heute in der Annenkapelle links vom Eingang. Darunter ein Ausschnitt aus der Predella.

Ausschnitte aus dem Altar der Schneider (um 1460) im Chor, der ebenfalls in einer Stralsunder Werkstatt entstand. Links die geschnitzte und bemalte Figur der Maria als Himmelskönigin mit Jesuskind, auf der Mitteltafel; unten Gottvater mit Jesus, Malerei auf der Predella.

Dieser Ausschnitt aus einem Altar zeigt Jesus und Johannes als Knaben, beide mit zeittypischem Spielzeug.

Das Taufgehäuse, das der Ratsherr Nikolaus Pansow 1710 stiftete. Stralsund war im Mittelalter und später im Barock ein künstlerisches Zentrum der Region. Stralsunder Bildhauerwerkstätten schufen Werke für den Export und auch für viele Dorfkirchen in der Umgebung.

Überlebensgroße Skulptur des Moses unter der Kanzel (1611) am ersten nördlichen Langhauspfeiler. Sinnfällig trägt Moses den Kanzelkorb, den Ort der Verkündigung. Die Gesetzestafeln mit den hebräisch geschriebenen Zehn Geboten verweisen auf die Ursprünge der Predigt.

Der Hochaltar, eines der wertvollsten Ausstattungsstücke in St. Nikolai, entstand um 1470 in einer größeren Stralsunder Werkstatt, die aber namentlich nicht näher bezeichnet werden kann. Er wurde 1470 gestiftet und bald danach geschaffen, wobei das Holz aus dem Baltikum eingeführt wurde. Seit einigen Jahren wird der Hochaltar restauriert.

Die Gewandschneider finanzierten Stralsunds größte und letzte Stadtkirche.

St. Marien

St. Marien von Süden, über den Frankenteich hinweg gesehen. Der Außenbau mit dem einzelnen Turm und ohne Strebewerk wirkt für einen spätgotischen Kirchenbau sehr kompakt. Der Westturm erhielt 1998 ein neues Kupferdach.

Die größte Stadtpfarrkirche Stralsunds ist St. Marien. Ihr kräftiger Westturm ist als Aussichtsturm beliebt und als weithin sichtbares Seezeichen bekannt. Er wurde jüngst saniert. Die Größe der dreischiffigen Backsteinbasilika verrät, dass sie im Vergleich zu den anderen gotischen Stadtkirchen spät entstand, mithin ›spätgotisch‹ genannt wird. Man kann es auch so formulieren, dass man St. Marien zwar einen gotischen Kathedralgrundriss zugrundelegte, aber das Raumgefühl im späten 14. Jahrhundert kein rein gotisches mehr ist. Denn mittlerweile bevorzugten die wohlhabenden Bauherren klare Baukörper und weite Räume.

Die heutige Marienkirche ersetzt einen gotischen Vorgängerbau aus dem späten 13. Jahrhundert, der etwa zeitgleich mit St. Nikolai entstand. Letztere steht als Pfarrkirche der Altstadt am Alten Markt, während St. Marien als Pfarrkirche der Neustadt den Neuen Markt prägt. Die Altstadt endete im Süden im Verlauf der heutigen Straßen Apollonienmarkt und Papenstraße (vgl. Vogelschauplan S. 78). Südlich

Die Orgelempore der barocken Stellwagen-Orgel (1653–1659) im Westen, die derzeit restauriert wird.

Unten: Blick in das südliche Seitenschiff nach Osten.

davon residierte der Fürst von Rügen, dessen Sitz nicht einsam und allein stand, sondern mit Vieh, Getreide und Waren versorgt werden musste. Aus dieser Ansiedlung entstand auf ovalem Grundriss die spätere Neustadt um den Neuen Markt herum. Als ›Neustadt‹ wird diese Siedlung urkundlich erstmals 1256 genannt. Bereits 1261 begannen die Bürger mit dem Bau einer gemeinsamen Stadtmauer um die Alt- und die Neustadt herum, die wohl um 1300 fertig war. Natürlich war das umschlossene Gebiet zu dieser Zeit noch nicht vollständig bebaut, sondern in weiten Teilen von Gärten, Äckern und Weiden geprägt. Erst hundert Jahre später hatte Stralsund eine Einwohnerzahl von etwa 13 000 Menschen.

Nachdem der Turm der Marienkirche 1382 eingestürzt war, begann man mit dem ehrgeizigen Bau der jetzigen Kirche, die als Höhe- und Endpunkt der norddeutschen Backsteingotik eingeschätzt wird. Finanziert wurde sie von der mächtigen Zunft der Gewandschneider, die durch den Großhandel wohlhabend geworden waren.

Die Kirche, und insbesondere der Chor, wurde ab 1842 neugotisch umgestaltet, weil die großzügige Raumwirkung dem 19. Jahrhundert zu wenig gotisch erschien. Nach dem Vorbild gotischer Hausteinkirchen wurden die Pfeiler mit Diensten verkleidet und die Hochchorwand mit Maßwerk aus Stuck umgestaltet.

Blick in den Chorumgang mit den nach innen verlegten Strebepfeilern. Sie zeigen, dass man in der Spätgotik neue Raumvorstellungen entwickelt hatte. Nun ging es darum, die gotische Kleinteiligkeit zugunsten von großen, zusammenfassenden Formen zu mildern. Dies zeigt sich auch am Außenbau.

Die Gewandschneider waren als Großkaufleute oft weit gereist und hatten viel von der Welt gesehen. Die Seidenstoffe, die über die innerasiatischen Seidenstraßen von China und der Mongolei über Nowgorod oder Riga nach Stralsund kamen, waren zeitweise teurer als Gold. Die Tuchmacher durften nur mit Stoffen handeln, sie aber nicht zuschneiden; das große Geschäft machten die Gewandschneider. Trotz gefüllter Zunftkasse war bei einem Bauvorhaben wie der Marienkirche klar, dass keiner der bei der Grundsteinlegung anwesenden Großkaufleute die Vollendung des Gebäudes erleben würde. Man wusste, siebzig, achtzig Jahre Bauzeit galten als ›kurz‹. Dennoch schreckte dieser Zeitraum von zwei bis drei Generationen die Bauherren nicht von ihrem Vorhaben ab. Durch die solide Finanzierung ihrer Zunft ging der fast hundert Meter lange Bau seit Mitte der 1380er Jahre so zügig voran, dass 1411 bereits das hohe Querschiff vollendet war. Bis 1416 hatte man das Langhaus so weit vorangetrieben, dass man mit dem Westbau beginnen konnte. Dieser mächtige Bauteil war fest gegründet und wurde durch einen 150 Meter hohen Turm bekrönt, der bis zu einem Blitzeinschlag 1647 beinahe 200 Jahre bestand. Die 1708 aufgebrachte barocke Haube wurde 1998 im Zuge der Gesamtsanierung des Turmes erneuert.

Die Gewandschneider schufen die größte Kirche Stralsunds, die trotz der Veränderungen im 19. Jahrhundert die Raumvorstellungen der städtischen Führungsschicht um 1400 zeigt.

Der Innenraum von St. Marien wurde im Laufe der Jahrhunderte durch Umnutzungen, unter anderem als Proviantmagazin der napoleonischen Truppen, stark abgenutzt. Von der mittelalterlichen Ausstattung mit 44 Altären und der Farbfassung war kaum noch etwas erhalten. Hinzu kam, dass sich im frühen 19. Jahrhundert der bürgerliche Geschmack geändert hatte und man sich unter einer ›mittelalterlichen‹ Kirche etwas anderes vorstellte. Für die Renovierung von St. Marien machten Karl Friedrich Schinkel und Caspar David Friedrich Anfang des 19. Jahrhunderts Vorschläge. Nach längeren Überlegungen beauftragte der Rat den Stralsunder Maler J.W. Brüggemann mit der Restaurierung. Zwischen 1842 und 1847 stattete Brüggemann den Innenraum im Zeitgeschmack der romantischen Neogotik neu aus. Dazu fügte er dem damals als zu grob und großflächig empfundenen Raum kleinteilige Elemente aus Stuck, wie Dienste und Blendmaßwerk auf der Hochchorwand, hinzu.

Seit mehreren Jahren wird St. Marien von der Gemeinde, mit Bundesmitteln und vielen Spenden saniert und restauriert. Rund eine Million Euro kamen für die Turmsanierung und die Restaurierung von zwölf Chorfenstern von der Deutschen Stiftung Denkmalschutz, die sich dank ihrer Spender auch an der 1663 von Adam Lehmeyer gegossenen Lehmeyer-Glocke und dem Semlower Altar beteiligen konnte.

Das kompliziert konstruierte spätgotische Sterngewölbe im Westbau windet sich um den Treppenturm, der zum Westturm hinaufführt.

St. Jakobi entwickelt sich zu einem besonderen Kulturzentrum.

St. Jakobi

Vom Turm der Marienkirche ist die Bauform von St. Jakobi erkennbar: Es ist eine seit dem frühen 14. Jahrhundert gebaute dreischiffige Basilika mit geradem Chorschluss und einem kräftigen Westturm auf quadratischem Grundriss zwischen seitlichen Hallen. Am Horizont ist Rügen mit Altefähr erkennbar.

Die junge Kunststudentin, die in der Kirche ehrenamtlich ihre Stunden verbringt, damit die Kirche für Besucher kostenlos geöffnet werden kann, braucht gute Nerven, Geduld und das sprichwörtliche dicke Fell. Doch das hat die junge Frau nicht, wenn Touristen, die durch das geöffnete Westportal in die Kirche spazieren, ihrem Entsetzen über den unheil(ig)en Zustand der Kirche freien Lauf lassen und ihr keine Gelegenheit geben, zu erklären, welche wechselvolle Geschichte St. Jakobi bis in die jüngste Zeit hatte.

Wessen Sehgewohnheiten an perfekt sanierten Kirchen ausgerichtet sind, Kirchen, denen man die Alterungsspuren unter der neuen Farbschicht wegretuschiert hat, der kann keinen Blick dafür haben, dass der gegenwärtige Zustand von St. Jakobi bereits das Ergebnis einer systematischen und aufwendigen Sicherung und Sanierung des vergangenen Jahrzehnts ist.

So hat beispielsweise die Deutsche Stiftung Denkmalschutz neben anderen Förderern seit 1992 in jedem Jahr die Bauarbeiten an der Kirche begleitet und mit nunmehr 2,2 Millionen Euro entscheidend mit getragen. Viele Bürger, der Gemeinderat und die jüngst gegründete Stiftung Kulturkirche St. Jakobi arbeiten seitdem eng mit der Kommune zusammen, um in dem seit Jahrzehnten nicht mehr als Kirche genutzten Baudenkmal ein überregional ausstrahlendes Kulturzentrum zu etablieren.

Bis nach der Wende war St. Jakobi angefüllt mit Hunderten von sakralen Kunstwerken. Da lagen Kruzifixe neben Heiligenfiguren, Madonnen notdürftig in Teppiche gewickelt, Altarteile an die Wände gelehnt. Was auf Laien wie eine Rumpelkammer wirkte, bedeutete für die Kunstwerke die letzte Rettung. Denn sie wurden von aufmerksamen Gemeinden und Beauftragten der Landeskirche aus einsturzgefährdeten Kirchen geborgen. Das Problem, was mit den vielen wertvollen Ausstattungsstücken aus gefährdeten Dorfkirchen geschehen soll, wird Denkmalpfleger, Restauratoren und die Landeskirche wohl noch viele Jahre begleiten, denn an die Ausstattungen wird oft zuletzt gedacht, wenn es durch ein Kirchendach hineinregnet oder sich der Schwamm in den Mauern ausbreitet.

St. Jakobi, die dritte große Stadtpfarrkirche Stralsunds im Osten der Stadt, war wegen ihrer Funktion als Lager für geborgene Kunstwerke und Baumaterial nicht öffentlich zugänglich, und die Kirchengemeinde von St. Jakobi benutzt seit langem die Heilgeistkirche gleich um die Ecke. Was also tun mit einer Kirche ohne Gemeinde?

Bildende Künstler, Musiker und das Publikum haben St. Jakobi mittlerweile als stimmungsvollen Raum für Ausstellungen zeitgenössischer Kunst und für Konzerte zu schätzen gelernt. Nicht nur die Akustik ist großartig. Die nicht kirchlich genutzte gotische Kirche bietet in unserer Zeit, in der sich die Gemeinden nicht vergrößern, eine besondere Chance. Denn als Konzertsaal mitten in der Stadt hat die Jakobikirche ein ganz eigenes Flair, mit dem kein Neubau so leicht konkurrieren kann. Der Raum fordert heraus, weil seine Altersspuren sichtbar bleiben.

Abgesehen davon wären die Erbauer der Kirche mit der heutigen Nutzung als Ort, an dem Bürger sich treffen, um sich mit Kunst auseinanderzusetzen, vermutlich einverstanden. Denn den Menschen war im Mittelalter die moderne Trennung in profane und sakrale Handlungen in einem Kircheraum ohnehin fremd – wie die Geschichte von Stralsunds Stadtkirchen lehrt. Wo Menschen sich in Demut vor schöpferischen Arbeiten verneigen, ehren sie den Raum.

In einem Kirchenraum ohne Bänke wie in St. Jakobi hat der Besucher die Gelegenheit, sich die Raum- und Blickbeziehungen der Basilika im Gehen zu erschließen, ohne dass eine Richtung vorgegeben ist. Dadurch kommt der Raum in seinen ganzen Dimensionen und seiner Höhe zur Geltung. Die Orgel wird im Rahmen des Projekts ›Orgelzentrum Stralsund‹ wiederhergestellt.

Einen skurrilen Charme entwickelt das leere Orgelgehäuse an der Westwand in St. Jakobi. Ohne die Orgelpfeifen wird deutlich, wie sensibel sich die Barockorgel in die gotische Architektur einschmiegt.

Die Bemalung kam während der Sanierung unter jüngeren Einbauten zum Vorschein.

Die raffinierte Gewölbekonstruktion im Westturm (linke Seite).

Ein mittelalterliches Wohnkonzept funktioniert noch heute.

Heilgeistkloster

Das imposanteste Gebäude des Heilgeistklosters ist der um 1643 an die Hospitalkirche angebaute zweigeschossige Kirchgang mit der Galerie. Bei der gründlichen Sanierung wurde so viel Originalsubstanz wie möglich erhalten. Im Kirchgang befinden sich zwanzig kleine Wohnungen.

Kann man sich eine idyllischere Wohnlage vorstellen als direkt am Stralsunder Hafen in einem Barockgebäude? Ruhig und doch zentral, modern und zugleich jahrhundertealt, mit dörflich anmutender Kleinteiligkeit und dabei im Herzen der Altstadt? Das dachten auch einige Immobilienmakler, die bald nach der Wende lukrative Pläne für dieses Filetstück entwickelten. Die langjährigen Bewohner waren aufgeschreckt und forderten 1990 auf einem Transparent, das über die Frankenstraße gespannt war: »Das Heilgeistkloster seinen Bewohnern!« Sie setzten sich durch, unter anderem auch mit Hilfe der Stadt. Im Heilgeistkloster wurde eine städtebaulich wichtige, denkmalgeschützte Anlage so saniert, dass moderne Wohnträume für die Bewohner bezahlbar blieben.

Heilig-Geist-Hospitäler spielten in mittelalterlichen Städten eine wichtige Rolle. Bis heute gelten die Hospitäler in Küstenstädten wie Lübeck, Wismar (S. 72) und Stralsund als herausragende Wohnanlagen. Die monumentalste ihrer Art ist das Heilig-Geist-Hospital in Lübeck, das nach 1285 erbaut wurde. Das Heilgeistkloster in Stralsund wurde 1256 gegründet und 1325 an seinen heutigen Standort verlegt.

Heilig-Geist-Hospitäler sind bürgerliche Einrichtungen. Sie trugen sich durch Schenkungen und Stiftungen von Bürgern. Ihre Geschichte begann, als Papst Innozenz III. dem

neuen Orden des Heiligen Geistes 1198 eine weltliche Verwaltungshoheit erlaubte (Meckseper Stadt 1982, 236). Und obwohl der Heilig-Geist-Orden selber im frühen 14. Jahrhundert seine Bedeutung verlor, entwickelten sich die bürgerlichen Hospitäler im Spätmittelalter oft zu den kapitalkräftigsten Einrichtungen der Stadt, weil ihre Verwalter das gestiftete Geld in Grundbesitz anlegten. Im späten Mittelalter kauften sich auch wohlhabendere Bürger in die Hospitäler ein, in Stralsund jeweils etwa 80 bis 100 Personen. Indem sie dem Hospital ihren Besitz vermachten, sich aber zugleich die lebenslange Nutznießung vorbehielten, sicherten sie sich einen Alterswohnsitz. Aus diesem Grunde wurden in Wismar wie in Stralsund an die Kirche kleinere Wohneinheiten angebaut. Diese gelten nun schon seit Jahrhunderten als beliebte Wohnlagen.

Ein bürgerliches Sozialkonzept

Das Wohnquartier des Heilgeistklosters besteht aus der Hospitalkirche, die durch das Westportal an der Wasserstraße zugänglich ist, und in deren Schatten unterschiedlich dimensionierte Wohngebäude entstanden. Das imposanteste Gebäude ist der sogenannte Kirchgang, der im Osten der Kirche angebaut wurde. Südlich davon stehen kleine ›Klosterbuden‹, und zur Hafenseite wird das Quartier durch das langgestreckte ehemalige Elendenhaus abgeschlossen.

Das älteste Gebäude ist die kleine Hospitalkirche, die 1331 zum ersten Mal urkundlich erwähnt wird und in ihrer heutigen Gestalt aus dem frühen 15. Jahrhundert stammt. Vor 1945 diente sie als Garnisonskirche. Heute wird sie von der Jakobigemeinde (S. 126) genutzt. Die vierjochige Hallenkirche hat einen einfachen geraden Chor. Durch zwei Türen gelangt man von der östlichen Empore geradewegs in den sogenannten Kirchgang, wo früher kranke und pflegebedürftige Menschen wohnten und versorgt wurden.

Das heutige Gebäude besteht aus einem schmalen Hof zwischen zwei zweigeschossigen Langhäusern. Es war der Festungsbaumeister Nils Eosander, der die reizvolle säulengestützte Galerie um drei Seiten des Hofes anlegte. Die Galerie macht den Charme des Kirchgangs aus, spielt sie doch mit Innen und Außen. Die eigentliche ›Haustür‹ zum Kirchgang bildet ein prachtvolles Portal. Von dort führen die hölzernen Galerien wie bei einem modernen Laubenganghaus zu den zwanzig kleinen Wohnungen. Die Qualität der jüngsten Restaurierung zeigt sich auch darin, dass die alten Fenster und Türen aufgearbeitet wurden. Mit ihren kräftigen, warmen Farben geben sie nun wieder ein einheitliches Bild. Die Galerie bildete im übrigen das Vorbild für den Säulengang des Rathauses (Foto S. 89).

Zwischen 1992 und 1995 wurden der Kirchgang und das langgestreckte Elendenhaus saniert, überwiegend mit Städtebauförderungsmitteln und mit Hilfe der Deutschen Stiftung Denkmalschutz. Priorität hatte die Wahrung der bisherigen gemischten Wohnnutzung. Seit 1996 wohnen in den zehn Wohnungen im Südflügel alte Menschen, während die zehn Wohnungen im Nordflügel von Bewohnern gemietet werden, die sie jeweils für eine Übergangszeit brauchen. Die gesamte Anlage strahlt nach fast zehnjähriger Benutzung eine gediegene, gepflegte und ruhige Atmosphäre aus. Dies wirkt auf das Verhalten der Besucher: Die meisten benehmen sich ruhig und zurückhaltend, weil sie fühlen, dass sie sich in einem bewohnten Privatquartier befinden. Massentourismus bleibt hier außen vor.

Parallel zu den aufwendigen Baumaßnahmen wurden für die kleineren Klosterbuden Erbbaurechte vergeben, wobei die langjährigen Bewohner bevorzugt wurden. Mit diesem Modernisierungsprogramm in Selbsthilfe konnten alle Häuser saniert werden. Im ehemaligen Elendenhaus wurden verschiedene soziale Einrichtungen der Stadt Stralsund untergebracht.

Am 27. Juni 1996 wurde der Kirchgang in Anwesenheit des Bundespräsidenten, von Vertretern der Stadt, des Landes und der Deutschen Stiftung Denkmalschutz wieder eingeweiht und den Bewohnern zurückgegeben. Mit dem Heilgeistkloster bewies die Stadt einmal mehr, dass sich Denkmalpflege und soziale Wohnbedürfnisse durchaus vereinbaren lassen. Das Ergebnis der mehrjährigen Bemühungen ist mehr als nur ein Schmuckstück für die Stadt. Die Bewohner identifizieren sich mit ›ihrem‹ Quartier und wollen die Stadt nicht verlassen.

Derartige gemischte Wohnnutzungen aber braucht eine alte Stadt wie Stralsund dringend, wenn man sie in einer Region mit einer hohen Arbeitslosigkeit und der Abwanderung vieler junger Leute in größere Städte langfristig erhalten will.

Die Heilgeistkirche in der Wasserstraße ist der älteste Bauteil der Gesamtanlage. Die Kirche wurde im frühen 15. Jahrhundert als Hospitalkirche gebaut, um 1650 und vor allem 1843 und 1897 durchgreifend restauriert und zuletzt 1997 saniert. Hinter der Kirche erstreckt sich das Wohnviertel.

Gegenüber von Stralsund liegt Deutschlands größte Insel.

Rügen

Deutschlands größte Insel gilt als Inbegriff für Natur, Ferien, Landschaft und Meer. Und natürlich für die Kreidefelsen. Seit nunmehr fast 200 Jahren gehört die Steilküste zu jedem Rügenbesuch. Dass die Felsen durch Caspar David Friedrich (1774–1840), den bekannten Greifswalder Maler der Frühromantik, berühmt wurden, hat ihrer rauhen Schönheit nie geschadet. Denn der Tourismus wird auf Rügen behutsam gelenkt, und so findet man Waldwege und Strände, an denen man allein mit sich und der Landschaft ist, Bernstein suchen oder Naturschutzgebiete durchstreifen kann.

Wie die Insel Poel vor Wismar, so war auch die Stralsund vorgelagerte Insel Rügen keineswegs immer ein Ort der Erholung, sondern erlitt als strategisch wichtiges Territorium für die Mächte rund um die Ostsee eine wechselvolle Geschichte. Nachdem die Gletscher der letzten Eiszeit geschmolzen waren, ließen sich spätestens um 6000 v. Chr. Menschen auf der Insel nieder. Die vielerorts ausgeschilderten Großsteingräber entstanden vor etwa 5000 Jahren, die Hügelgräber seit etwa 3800 Jahren.

Nach der Völkerwanderung war die Insel lange der Sitz der slawischen Fürsten. Wo heute in Kap Arkona die beiden Leuchttürme das wind- und wellenumtoste nördliche Inselende markieren, dehnte sich die durch Wälle geschützte slawische Tempelburg Arkona aus. Diese letzte Festung der Slawen wurde 1186 durch die Dänen erobert. Danach wurde die Bevölkerung christianisiert, es kamen Siedler aus dem Westen, angezogen durch die reichen Heringsbestände (S. 78 f.). Arkona ist heute zusammen mit dem Fischerdorf Vitt und den Leuchttürmen als Flächendenkmal geschützt. Der von Karl Friedrich von Schinkel 1826 entworfene backsteinerne Turm gilt als ältester Leuchtturm an der Ostseeküste, der zweite Turm daneben entstand 1902. Auf Rügen gibt es mehrere Nationalparks und 83 Kilometer Sand- und andere Naturstrände.

Kilometerweit führen Alleen über die Insel Rügen. Die alte Bäderarchitektur in den traditionsreichen Kurorten an der Ostsee wurde in Ferienorten wie Binz aufwendig wieder hergestellt. Auch die Deutsche Stiftung Denkmalschutz unterstützte die Sanierung der charakteristischen Holzveranden an Häusern wie diesem.

Verwendete und zitierte Literatur

Grundlegend ist die Übersicht über die Baudenkmale in dem 1905 von Georg Dehio gegründeten Handbuch der Deutschen Kunstdenkmäler:
Dehio, Georg: Mecklenburg-Vorpomern. Neu bearbeitet von Hans-Christian Feldmann. München, Berlin 2000.

Einen Überblick zum Thema Hanse mit Forschungsgeschichte und weiterer Literatur gibt:
Hammel-Kiesow, Rolf, Die Hanse, München 2000. (zitiert als Hammel-Kiesow, Hanse 2000, *Seitenzahl*)

Gebündelte Informationen zu den u.g. Städten bieten die Aufsätze in fünf Katalogbänden, die 2002 zur Ausstellung in vier Städten ›Wege zur Backsteingotik. Gebrannte Größe‹ im Verlag der Deutschen Stiftung Denkmalschutz erschienen sind:
Lübeck – Die Hanse. Macht des Handels. (zitiert als *Autor*, Kat. Die Hanse 2002, *Seitenzahl*)
Wismar – Bauten der Macht. (zitiert als *Autor*, Kat. Bauten 2002, *Seitenzahl*)
Stralsund – Maritime Macht. (zitiert als *Autor*, Kat. Macht 2002, *Seitenzahl*)
Greifswald – Dialog des Geistes.
Rostock – Die Sprache der Steine.

Eine erste Einführung in die drei UNESCO-Welterbe-Altstädte:
Albrecht, Thorsten; Giese, Gerd; Hacker, Hans-Joachim: Weltkulturerbestädte Lübeck, Wismar, Stralsund. Rostock 2004. (zitiert als *Autor* 2004, *Seitenzahl*)

Eine reich bebilderte Einführung in das Thema Backsteingotik:
Kiesow, Gottfried; Grundner, Thomas: Backsteingotik. Rostock 2004.

Ein Überblick zum Thema Kreuzzüge:
Ausstellungskatalog Die Kreuzzüge. Kein Krieg ist heilig. Hsg. Hans-Jürgen Kotzur. Mainz 2004.

Eine allgemeine Einführung in die mittelalterliche Stadt:
Meckseper, Cord: Kleine Kunstgeschichte der deutschen Stadt im Mittelalter. Darmstadt 1982. (zitiert als Meckseper Stadt 1982, *Seitenzahl*)

Ein auch für Kinder geeignetes Bilderbuch:
Draeger, Heinz-Joachim, Von Koggen und Kaufleuten. Eine Hansestadt im Mittelalter. Hamburg 2000. (in Lizenz bei Deutsche Stiftung Denkmalschutz Bonn)

Ein Kurzführer zum Schabbellhaus in Wismar:
Hoppe, Klaus-Dieter: Stadtgeschichtliches Museum Wismar. München und Zürich 1991. (zitiert als Hoppe 1991, *Seitenzahl*)

Zur Geschichte Stralsunds haben die Publikationen von Herbert Ewe und Konrad Fritze Grundlagen geschaffen, z.B.:
Ewe, Herbert: Das alte Stralsund. Kulturgeschichte einer Ostseestadt. Weimar 1994;
ders.: Stralsund. Rostock 1969.
Fritze, Konrad: Die Hansestadt Stralsund. Die ersten beiden Jahrhunderte ihrer Geschichte (Veröffentlichungen des Stadtarchivs Stralsund IV), Schwerin 1961. (zitiert als Fritze 1961, *Seitenzahl*)

Ebenfalls nach wie vor grundlegend:
Zaske, Nikolaus: Die gotischen Kirchen Stralsunds und ihre Kunstwerke. Berlin 1964.

Ein prachtvoller Bildband mit Aufsätzen zu St. Nikolai in Stralsund:
Herre, Volkmar: Wenn Räume singen. St. Nikolai in Stralsund. Stralsund 2001. (zitiert als *Autor* in Herre 2001, *Seitenzahl*)

monumente edition

In der Reihe monumente edition
der Deutschen Stiftung Denkmalschutz
sind bisher vier Bände erschienen.

Barock in Sachsen

144 Seiten
220 meist farbige Abbildungen
Format 21 × 29,7 cm
Broschur 11,80 Euro
ISBN 3-936942-09-9
Festeinband 16,80 Euro
ISBN 3-936942-11-2

Quedlinburg

144 Seiten
345 meist farbige Abbildungen
Format 21 × 29,7 cm
Broschur 11,80 Euro
ISBN 3-936942-45-5
Festeinband 16,80 Euro
ISBN 3-936942-46-3

Backsteingotik

144 Seiten
223 meist farbige Abbildungen
Format 21 × 29,7 cm
Broschur 11,80 Euro
ISBN 3-936942-07-2
Festeinband 16,80 Euro
ISBN 3-936942-10-2

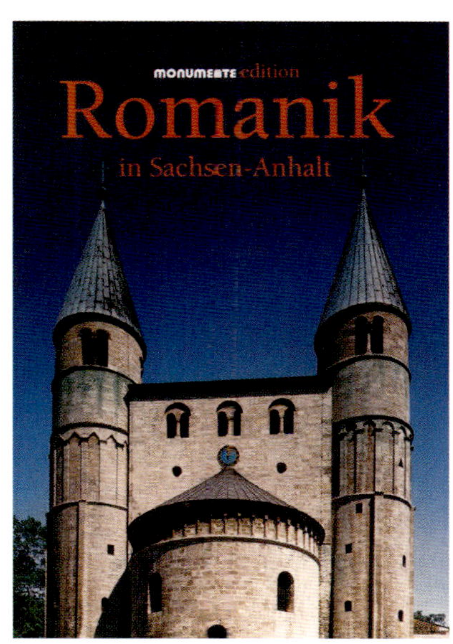

Romanik in Sachsen-Anhalt

144 Seiten
170 meist farbige Abbildungen
Format 21 × 29,7 cm
Broschur 11,80 Euro
ISBN 3-936942-15-3
Festeinband 16,80 Euro
ISBN 3-936942-19-6

Adressen und Reisehinweise

Wismar

Fremdenverkehrsamt
Wismar-Information
Am Markt 11
23952 Wismar
Telefon 03841/2513025
Fax 03841/2513091
www.wismar.de

Insel Poel

Kurverwaltung Insel Poel
Wismarsche Straße 2
23999 Kirchdorf
Telefon 038425/20347
Fax 038425/4043
www.insel-poel.de

Private Zimmervermittlung
Insel Poel
Wismarsche Straße 1
23999 Kirchdorf
Telefon 038425/405003
Fax 038425/405004
zimmervermittlung@poel.de
www.poel.de

Stralsund

Stralsund-Information
Alter Markt 9
18408 Stralsund
Telefon 03831/24690
Fax 03831/246949
www.stralsund.de

Rügen

Tourismuszentrale
Rügen GmbH
Markt 4
18528 Bergen auf Rügen
Telefon 03838/80770
Fax 03838/254440
www.ruegen.de

Die Europäische Route der Backsteingotik

Wismar und Stralsund wurden 2002 in die Liste des UNESCO-Welterbes aufgenommen. Wie in dieser Publikation gezeigt wurde, gehören beide Städte in einen übergeordneten geschichtlichen und baugeschichtlichen Zusammenhang rund um die Ostsee. Entlang der Ostseeküste entwickelten sich die Hansestädte, in deren Blütezeit die stadtbildprägende Backsteinarchitektur entstand. Um diese länderübergreifende Verbindung stärker in das öffentliche Bewusstsein zu bringen, wurde im Sommer 2004 in Stralsund die thematische Route ›EuRoB – Europäische Route der Backsteingotik‹ eröffnet. Sie reicht von Schweden über Dänemark, Deutschland und Polen bis ins Baltikum, mit Partnerstädten in Litauen, Lettland und Estland.

Das Projekt EuRoB will den Tourismus in den Städten und Gemeinden der Ostseeregion stärken. Verantwortlich für die Initiierung und Koordinierung von EuRoB sind der Deutsche Verband für Wohnungswesen, Städtebau und Raumordnung e.V., der vom Bundesministerium für Verkehr, Bau- und Wohnungswesen und der Deutschen Stiftung Denkmalschutz unterstützt wird. Für die Umsetzung der Projektidee konnten u. a. das Land Mecklenburg-Vorpommern, der Tourismusverband Mecklenburg-Vorpommern und verschiedene Städte und Landkreise aus Dänemark, Estland, Lettland, Litauen, Polen, Schweden und Deutschland gewonnen werden.

Weitere Informationen zur Reisevorbereitung im Internet:

www.mecklenburg-vorpommern.de
www.m-v.de
www.mecklenburgische-seenplatte.de
www.mecklenburg-schwerin.de
www.wege-zur-backsteingotik.de
www.eurob.org

Grundrisse

Lübeck

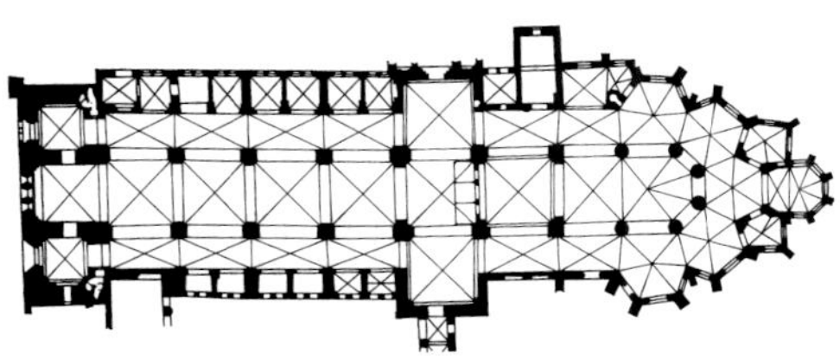

Dom

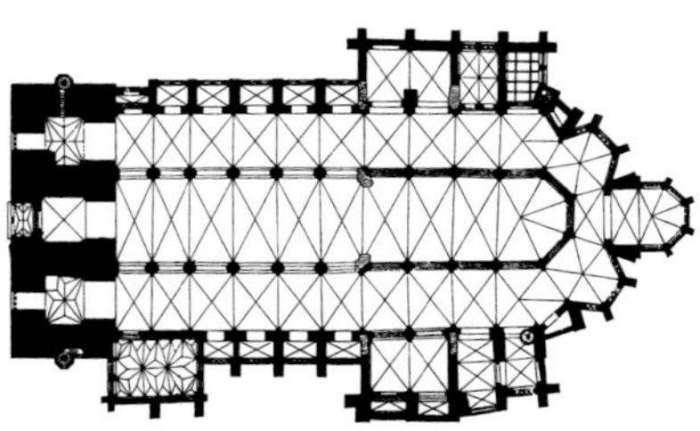

St. Marien

Wismar

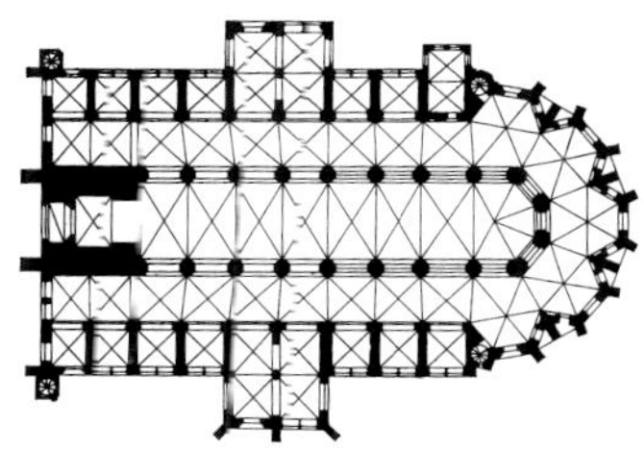

St. Nikolai

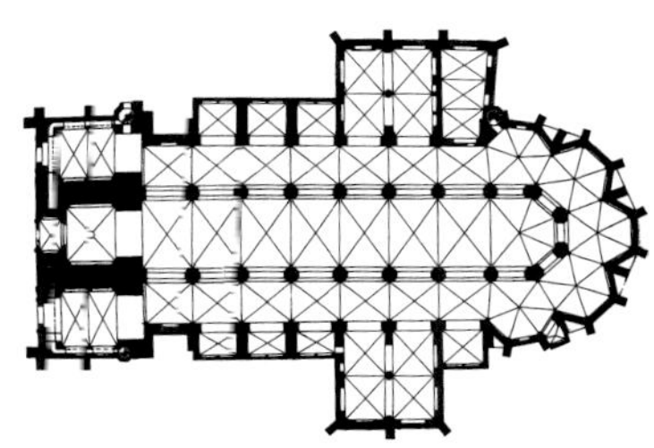

St. Marien

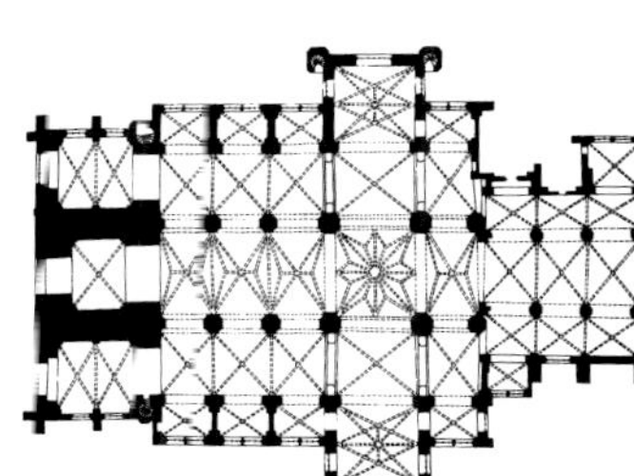

St. Georgen

Stralsund

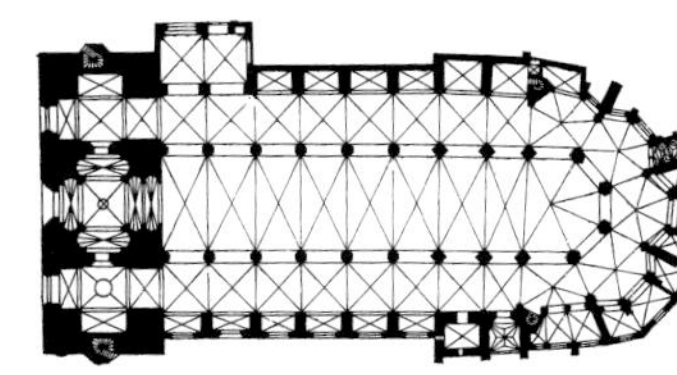

St. Nikolai

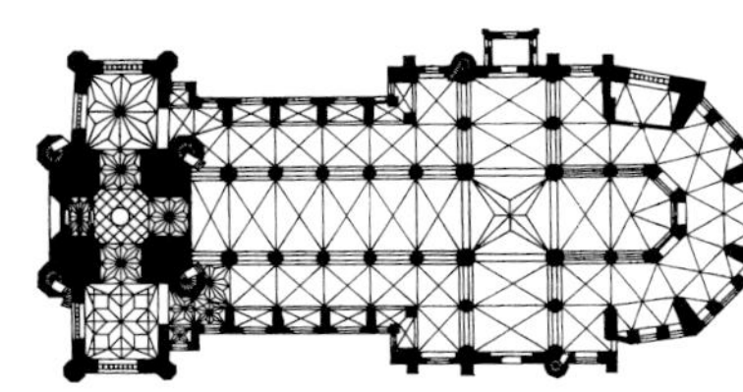

St. Marien

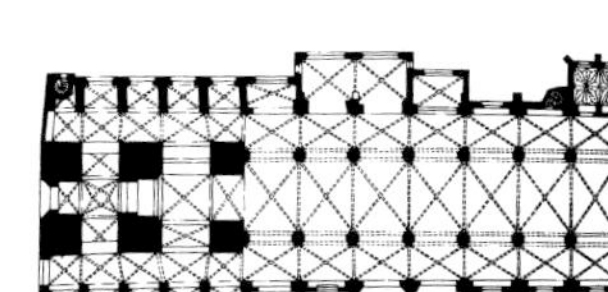

St. Jakobi

monumente edition

Wismar und Stralsund

Konzeption, Redaktion und Gestaltung: Dr. Angela Pfotenhauer und Elmar Lixenfeld
Büro für Redaktion und Gestaltung, Köln und Frankfurt am Main
Text: Angela Pfotenhauer Fotografie: Elmar Lixenfeld

Herausgeber: Deutsche Stiftung Denkmalschutz, Bonn

Als Quellen dienten neben der angegebenen Literatur
die Unterlagen zu den Förderprojekten der Deutschen Stiftung Denkmalschutz, Bonn.

Ganz besonders dankt die Autorin den folgenden Personen für fachliche Unterstützung:
Béatrice Busjan / Schabbellhaus Wismar
Dr. Andreas Grüger / Kulturhistorisches Museum Stralsund
Dr. Hans-Joachim Hacker / Stadtarchiv Stralsund
Dr. Rolf Hammel-Kiesow / Archiv der Hansestadt Lübeck
Liane Kuhlow / Abteilung Denkmalpflege der Hansestadt Wismar
Dr. Ursula Schirmer und Gerlinde Thalheim / Deutsche Stiftung Denkmalschutz

Titelbild: Stralsund, St. Marien. Rückseite: Wismar, St. Georgen

Abbildungsnachweis

Alle aktuellen Aufnahmen fotografierte Elmar Lixenfeld.

Außerdem wurden aus folgenden Archiven und Museen freundlicherweise Reproduktionen zur Verfügung gestellt:
Universitätsbibliothek Lüttich: S. 8; Kulturhistorisches Museum der Hansestadt Stralsund: S. 10;
Stadtgeschichtliches Museum der Hansestadt Wismar: S. 12 (Repro: Th. Helms), S. 18 (Repro: Hanjo Volster);
Stadtarchiv Stralsund: S. 13, 78;
Archiv der Deutschen Stiftung Denkmalschutz Bonn: S. 50 u., 51 r., 139; Martin Poley Wismar: S. 52 l. (Repro), 54 u., 69 u. l.

Karte zur Hanse S. 11: Zeichnung Elmar Lixenfeld nach Dr. Rolf Hammel-Kiesow, Archiv der Hansestadt Lübeck
Stadtpläne Wismar S. 19 und Stralsund S. 79: Zeichnung Elmar Lixenfeld

Druck: Salzland Druck, Staßfurt
Schrift: Piombo von Elmar Lixenfeld

Paperback: ISBN 3-936942-55-2
Festeinband: ISBN 3-936942-56-0

monumente Publikationen der Deutschen Stiftung Denkmalschutz
Leitung: Gerlinde Thalheim
Dürenstraße 8, 53173 Bonn, Telefon 0228/95735-0, Fax 0228/95735-28
www.monumente.de

DEUTSCHE STIFTUNG
DENKMALSCHUTZ

Schirmherr: Bundespräsident Horst Köhler

Vorstandsvorsitzender: Prof. Dr. Dr.-Ing. E. h. Gottfried Kiesow
Generalsekretär: Dr. Robert Knüppel
Geschäftsführer: Gerhard Eichhorn

Geschäftsstelle: Koblenzer Straße 75, 53177 Bonn
Telefon 0228/95738-0, Fax 0228/95738-23, www.denkmalschutz.de

Feinkost

ILSABE

S

dlung Paul

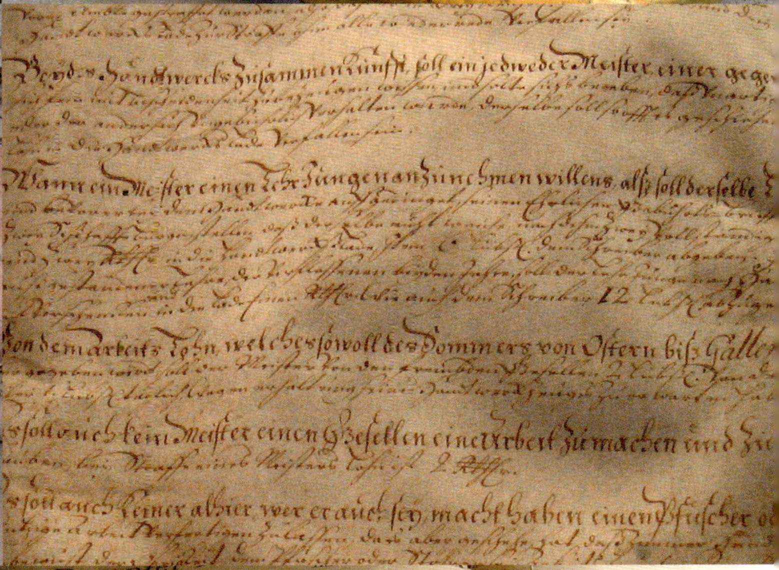

Begräbniß
nach 40

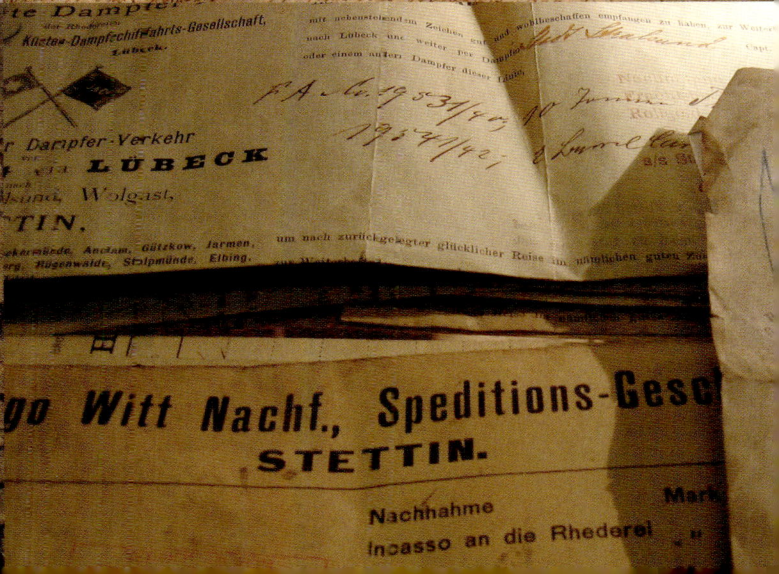
Küsten-Dampfschiffahrts-Gesellschaft,
Lübeck
Dampfer-Verkehr
LÜBECK
Wolgast,
STETTIN.
Witt Nachf., Speditions-Gesc
STETTIN.
Nachnahme
Incasso an die Rhederei

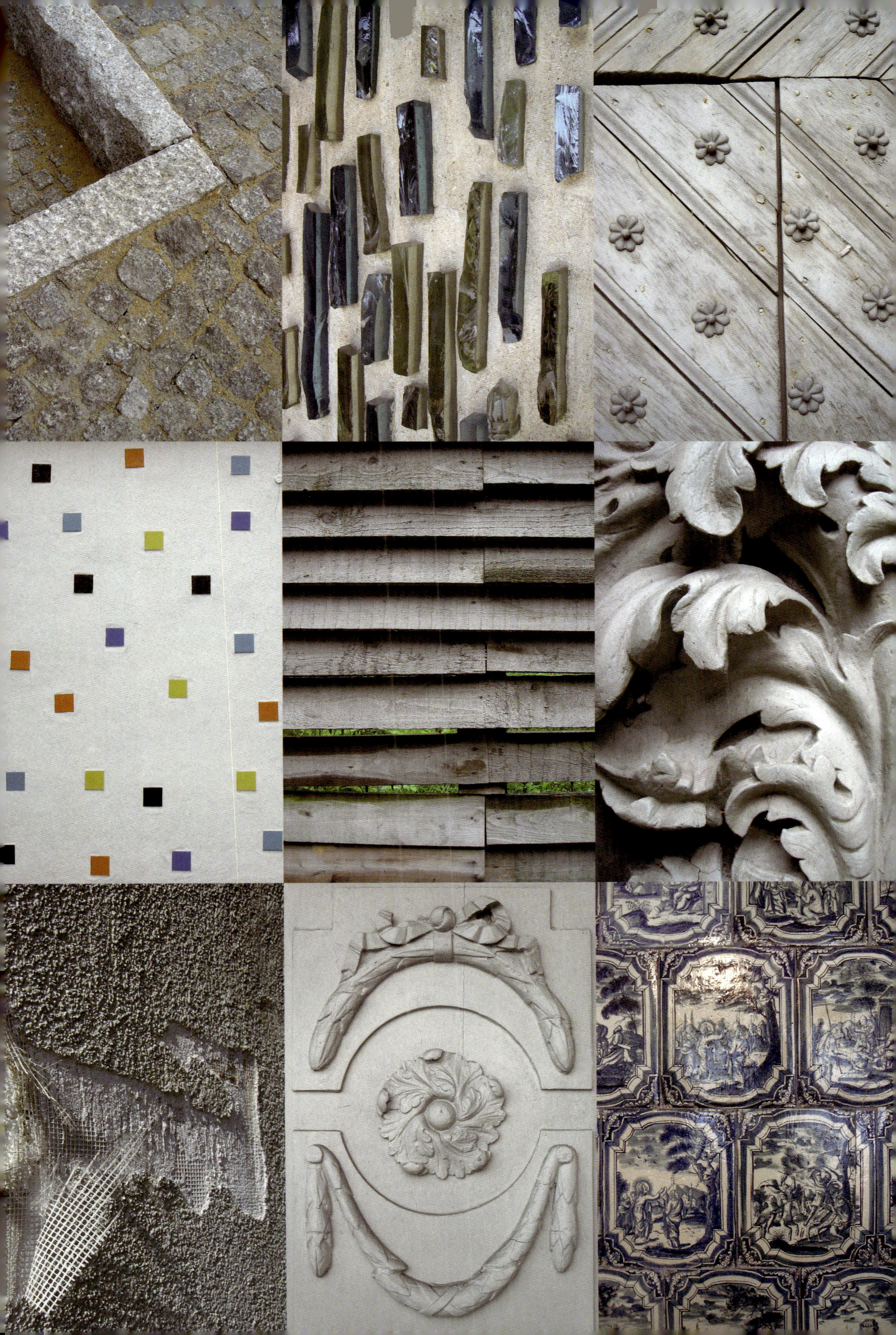